U0059962

大都會文化
METROPOLITAN CULTURE

大都會文化
METROPOLITAN CULTURE

The Enneagram for Understanding Yourself and Others

九型人格

自我人格特質的開發與提昇手冊

完美主義者、浪漫主義者、積極進取者、
感性主義者、冷靜思考者、謹慎執行者、
享樂主義者、非凡領導者、平和協調者。
世界上只有九種人，而你，到底屬於哪一種？

慧眼識己、洞察他人，教你5分鐘看透人心的秘訣

推薦序

最早聽說「九型人格」大約是五年前，在北京一個知名的平面設計師那兒，聽他說得神乎其神，「幾個問題就能知道你是什麼樣的基本性格、如何跟你打交道」云云。當時心裡一動，我平日最不擅長察言觀色，真有這樣的學問，學了該有多了得！

因緣際會，兩年前初次接觸《九型人格》課程，就被其深深吸引。巧合的是，最近才得知，當年那位設計師推崇備至的「九型人格」導師，竟然跟我的導師是同一個人——中原老師。多年來，中原老師講授「九型人格」，幫助成千上萬的企業家、經理人、公務員等各界人士在家庭關係和事業發展上獲得了長足的發展。

古人云：「講壇之音，不過百步；著作之聲，傳諸千里。」現在，中原老師將「九型人格」的核心內容結集成書，並闡釋得輕鬆活潑，妙趣橫生。他的前兩本書持續熱銷，這本新書更值得期待。

西方人談到「人格」會用「person」這個字，「person」起源於拉丁文「persona」，是面具的意思，說明我們是要戴面具的。面具代表我們的各種能力，可以扮演不同的角色。九型人格指的就是我們的九種面具。就像遊戲裡的面具往往是為了迷惑對方一樣，我們戴面具也是不想讓別人看清我們的「真面目」。人是很有意思的動物，一方面渴望認識面具背後的自我和他人，一方面又緊緊戴著面具，害怕被別人認出。

九型人格道出了我們活著的內在推動力——愛與恐懼。我們終其一生追求正直善良、愛心、成就、獨特、知識、忠誠、快樂、領導和組織、平和——這是九種類型人的基本追求，也是我們為了得到愛而戴上的面具；而面具的另一面即恐懼，代表著我們常常害怕失去某些東西。「愛與恐懼」構成了一幅太極圖，互相滲透、互相轉化，我們的言行每時每刻都在潛意識裡被它左右。看清楚面具背後的東西，才算是真正地認識了自我和他人，既可以踏上知行合一的和諧之道，又利於達成共贏共榮的合作關係。

探索、洞悉人類的性格，古今中外，長盛不衰。中國有生肖說、八字說，西方有星座說、血型說，都試圖根據人的出生年月、生理機制等進行性格類型格式化的認識。不過在當代社會，生辰、血型被視為一種隱私，有些方法被披上了神秘和宿命的外衣，而九型人格這個樸素、源於實踐和實作性很強的工具變得很有指導意義。我們能通過對方的語言、行為、情緒、神態、穿著等透露出來的第一手資訊，來破譯性格密碼，指導我們如何彼此瞭解、高效溝通、發現障礙、挖掘潛能、培養人才，九型人格可以說是一個無與倫比的好用工具。

與那些標榜冷靜、理性的性格分析不同，中原老師的書詼諧有趣、聲情並茂，國家地理、歷史文化、中外名人，都好像與他神交已久，被他道破「天機」，紛紛露出精彩的性格底色，讓我們感受到有血有肉的解讀。

對每一個渴望認識自我並影響對方的人來說，知道自己的性格號碼，洞悉了基本慾望和基本恐懼之後，人生並不是走向虛無，而是經由行動和實踐鍛煉踏上自我完善之路。這條路徑就是「愛和承諾」——首先愛自己，包容他人的性格，進而愛自己與他人的共同體；承諾則是走一條「少有人走的路」，負起責任，減少傷害，最終影響他人並成就自己。從這個意義上說，洞悉性格、看穿人性，還是一種深刻的慈悲。單就這一點，這部作品就超越了坊間流行的各類「搞定員工、搞定老闆、搞定客戶」的讀心術。事實上，作為中國心態教練和性格領導力的理論創始人，他的培訓課程遠比其他作品所能呈現的豐富得多。

迅速提升人際關係，尋找到與自我和他人的和諧相處之道，是中原老師的這本新書所帶給我們的一份欣喜。張愛玲說：「因為懂得，所以慈悲。」如果我們對自己、對他人，願意保留一份慈悲，那就從懂得開始吧！

貝為任

中國家長教育研究所研究員

貝博士圖書品牌總編輯

2010年8月25日

引言

九型人格：人際交往的法寶

知人者智，自知者明。知人知己，是維繫良好的人際關係的前提。九型人格是認識自己和他人性格的有效工具。掌握了這種工具，就等於獲得了人際交往的法寶。

作為一種認識人們性格的工具和手段，它把人的性格分為9種類型，對應9個號碼，不同類型的人在不同的狀況下會產生不同的行為。

瞭解這些行為背後的動機，我們便能更好地與他人進行溝通，瞭解他人。

按照順序，這9種性格有不同的特點、有不同的表現。掌握了這些，我們就能採取相應的應對之道。

1號類型公平正直，講究原則，做事嚴謹認真，有條有理，井然有序，同時力求完美，但卻容易被別人說成吹毛求疵，愛挑毛病。順境時，他正直踏實、能包容別人、能打破制式的規矩，處事有一定彈性、判斷力強、聰慧而理性、重視公平與誠實、大膽挑戰不公平的現象，凡事依據原則而行，有理智、能自律與節制，有很高的道德標準；逆境時，他挑剔、心胸狹窄、不肯接納別人的意見，容易把別人的意見視為不友善的抨擊，不接受別人對自己的批評，處事極端呆板，教條主義、絕對化、缺乏彈性，喜歡否定別人。與1號類型交往，你要傾聽他的意見，注意他的態度，鼓勵他向正面看。

2號類型富有愛心，善解人意，熱情付出，總是優先滿足他人的需求，但別人卻常常忽略他的存在。順境時，他慷慨無私、富有很強的同情心、體諒他人、熱心助人、主動付出、熱情而有活力、充滿陽光氣息、誠懇而溫暖、容易接近、很受人歡迎；逆境時，他情緒化、虛榮心重、操控別人、討好別人、覺得自己特殊、專制而易怒、愛抱怨，因此覺得自己的付出與收穫不成正比而喜好扮演受害者。2號性格類型的人容易把焦點放在別人身上，因此，與2號類型相處，要避免使用激烈的口吻。

3號類型追求個人成就，渴望成功，喜歡成為別人關注的焦點，希望被人尊重、肯定和羨慕，大家都說他是「工作狂」。順境時，他精明能幹、充滿活力、自信而有魅力，願意自我肯定內在的價值，樂觀主動、感染力強、外向，行動敏捷、不斷進取、成就出眾，有「不達目的絕不甘休」的韌性，是富有同情心的領袖；逆境時，他工於心計，為達目的不擇手段，會欺騙與說謊、妒忌心強、踩著別人以抬高自己，會剝削和利用他人、把他人當成成功的墊腳石、自戀與殘暴。與3號相處，要給他正面的評價，不要胡亂批評，在處理事情中配合他的速度。

4號類型認為自己是獨一無二的，注重感覺，敏感而多夢想，渴望別人能夠瞭解他的內心感受，總覺得這個世界沒有人能夠真正理解他。順境時，他靈感不斷、富有創造力、感情真摯而坦誠，觀人細微、給予別人支援，感恩、自我認同、觀察力強、直覺、敏感、肯定自我並表現自我、有幽默感、願意承擔；逆境時，他憂鬱、多愁善感、自怨自艾、自我懷疑、自我破壞，對世界充滿不信任的感覺、遠離人群、愛回憶過去，依附於痛苦等負面情緒中時難以自拔。與4號相處，要多稱讚他的獨特之處、認同他的感覺和情緒，讓他感到你對他的支持。

5號類型喜歡分析、思考、追求知識、渴望比別人懂得更多，不善表達內心感受，給人缺乏感情的印象。由於不善於交際應酬，顯得不通人情。順境時，他聰明、有卓越的觀察力與分析能力、見解獨到而深刻、能專注於某一領域，博學而專精、辦事仔細無遺、好學、求知欲強、有獨創與革新精神；逆境時，他逃避、憤世嫉俗、充滿敵意、妄想、孤獨、狂躁、自我封閉，把自己困於某些思維模式中，有破壞別人及自己的傾向。與5號類型相處，要尊重他的感受、確定你的表達方式是一種邀請而非要求，以直接而真誠的態度讚美他。

6號類型小心謹慎，卻太多疑慮，總覺得世界充滿危機，內心深處常會擔心、焦慮。因為過於考慮安全面相，他常常因此延遲採取行動。順境時，他有親和力、忠誠可靠、願意支援團隊，有責任心、勤奮、值得信賴，有良好的合作精神，相信自己和他人，懂得享受生命，踏實、平和；逆境時，他焦慮、緊張、缺乏自信、極度缺乏安全感，會到處尋找安全感，對刺激過度反應，自我打擊，有被虐傾向。與6號類型相處，要鼓勵他看到好的一面，不要批評他的恐懼，要耐心取得他的信任。

7號類型天生開朗、貪玩、喜歡新奇的事物，追求自由自在、率性而為的生活。順境時，他充滿歡樂、樂觀豁達、熱心而寬容，有想像力與創造力，精力充沛、多才多藝、具有鑒賞力、為人群帶來歡樂，令人覺得生命充滿希望；逆境時，他不切實際、經常妄想、能夠以小搏大，衝動、有攻擊性、愛出風頭、有時行為失控，誇張炫耀、於逸樂中逃避現實。與7號類型相處，要輕鬆愉快地與他交談，留意他有沒有實質計畫。

8號類型是百折不撓的，剛強自信，有正義感，勇於承擔，喜歡帶領並保護身邊的人，但是別人卻經常覺得他太過於「霸道」而與他保持距離。順境時，他充滿正義感、主持公道、保護他人、勇於承擔、寬宏大量、自信堅定、行動力強，能領導他人，堅強，有決斷力；逆境時，他手段強硬、獨裁而充滿暴力，要求別人犧牲小我去成就他的大我，喜歡追求權力，我行我素，冷漠、誇大、報復心重。與8號類型溝通要直接、自信，不要取笑或惡言相向。

9號類型待人友善，喜歡和諧的氛圍，希望大家和睦相處，是大家眼中的老好人，優柔寡斷，沒有立場。順境時，他有童心，對人和善、慷慨大度、心平氣和、純真而富有耐心，支持他人、輕鬆溫和、有同情心、勇於實踐；逆境時，他抱怨、麻木不仁，將事情在心中過分合理化，懶惰拖延、沒有行動力，缺乏焦點、迷茫。與9號類型溝通不要用高壓的態度，留意他會把事情自我合理化，用發問的方式讓他集中精神。

以上九種性格的區分，是人類發展到現在，認識瞭解他人最快捷的工具。「工欲善其事，必先利其器。」只有有效地認識自己的性格號碼，瞭解別人的心理需求，才能達己達人、事半功倍，與我們周圍的人和諧共處。

3號 我永遠是最棒的

——渴望成功的積極進取者

4號 跟著感覺走

5號 我思，故我在

6號 小心駛得萬年船

7號 瀟灑走一回

8號 我要征服世界

9號 平平淡淡才是真
——內心平和的協調者……228

第一型

1號 人間正道是滄桑
——完美的理想主義者

1號最根本的恐懼，是害怕做錯事、變質、或是腐壞；他們的基本欲望，是希望自己是對的、正面的、貞潔的、有誠信的；他們對自己的要求是：只要我做得對，就OK了。

1號致力於追尋有價值的目標。他們敬業，精益求精，希望做到最好，凡事追求完美，非常有責任感。他們堅守標準，輕易不會妥協和退讓，原則性非常強。

1號是壓抑情緒的類型。遇到情緒與不滿，1號往往是選擇自我壓抑；一旦釋放出來，要麼是成為一股拯救道德和原則的正義之火，要麼就是懲治錯誤的無情之火。

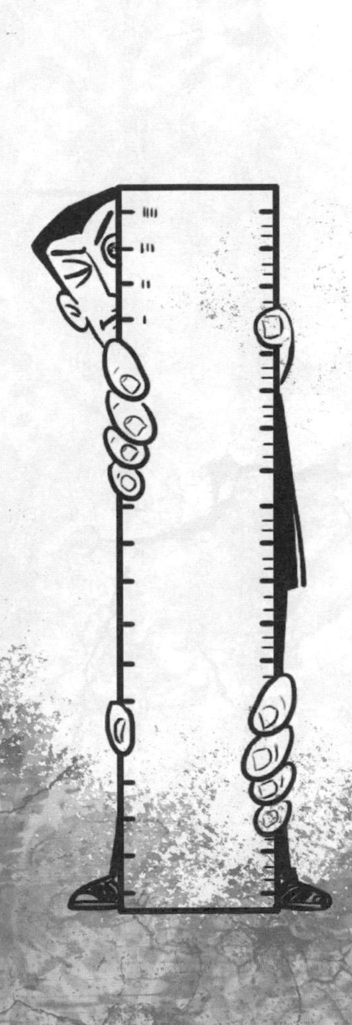

儒學的創始人孔子，他的志向是維護秩序和倫理綱常。在為人處世方面，他有一套完整、系統的思想。他堅信，如果能夠依照他的整套思想來做，就可以實現人們心中理想而完美的社會。而什麼是完美的社會？在他心目中的理想便是大同社會：「大道之行也，天下為公。選賢與能，講信修睦。故人不獨親其親，不獨子其子，使老有所終，壯有所用，幼有所長，鰥寡孤獨廢疾者皆有所養。男有分，女有歸。貨，惡其棄於地也，不必藏於己；力，惡其不出於身也，不必為己；是故，謀閉而不興，盜竊亂賊而不作，故外戶而不閉，是謂大同。」

孔子想把當時戰亂動盪的社會改造成一種以「仁」為內涵，以「禮」為形體，以「中庸」為行為準則的社會。這是他全心嚮往並身體力行的「理想國」，也是他的理想的外在體現。儒家說：上者立德，其次立功，再者立言。而不論是立德、立功、立言，此皆是想借永恆的東西來達到不朽的目的。這正是其理想的內在本質。

他的「仁」、「禮」、「中庸」等思想，都是針對當時的社會而發的。他一生都在致

力於改造社會，願以人為群，在人群中實現自己的理想。

在那個社會秩序崩潰的時代，在那個價值觀念混亂無序的時代，孔子制定的社會規範是：第一，用「禮」規範人們的行為，這屬於最基礎的要求；第二，使大家要有義氣，這屬於從小我的感情上去引導人們相互關照；第三，對別人要有仁愛之心。為此，孔子在各個方面都提出了具體的措施和方法。

有一次，齊國的國君齊景公問政於孔子，如何才能把一個國家治理好。孔子的回答是：君君、臣臣、父父、子子。國君要像國君的樣子，大臣要像大臣的樣子，父親要像父親的樣子，兒子要像兒子的樣子，各按自己的角色行事，嚴格按照規則辦，否則就亂了秩序。這也可以說是世界上最早的關於職位權責的說明書。只要大家都按這一套系統和規則行事，就能實現一個完美的世界，否則，就無法維護倫理綱常和秩序了。

1號設計的完美世界，除了各司其職、各安其位、各盡其責外，還有一套完備的原則。1號的理論向來都是條理分明的。

比如在交友方面，他的原則是，益者三友：友直、友諒、友多聞。朋友很正直、剛正不阿、有包容心，能打開耳朵，多聽聽外面世界的聲音，孔子很欣賞這樣的朋友。

他的處事原則是：在其位則謀其政，不在其位不謀其政。這也很簡單明瞭，讓人一聽就能明白；而做事方面則是：言寡尤，行寡悔。一樣是條理分明，非常完美。

1號認為，為了實現完美的社會，我們不能超越規矩，不能破壞秩序，不能破壞原則。孔子除了制定措施外，還強調了倫理道德和實踐的重要性。孔子有個學生叫子路，有一次他在孔子家彈瑟。子路為人剛勇，彈瑟時，聲音中流露出一股殺氣來。孔子聽後很不高興，因為這觸犯了孔子「仁」的思想。但由於1號的情感是壓抑的，所以孔子又沒有發作，他對子路說：「你彈瑟的水準雖然已經登堂了，但還不到入室。為什麼來我家彈呢？」他巧妙地表達了責怪的意思。

孔子的另一個標準是：人不能道聽塗說。「道聽而塗說，德之棄也。」一聽到小道消息就四處傳播，這是道德所唾棄的。

為了追求完美，君子應該常常自省，反思自己有沒

有做錯事。孔子說：「觀過，斯知仁矣。」我們知道哪裡不足，看到錯誤、改正錯誤，才能好起來，才能成功。

他也說：「不知命，無以為君子也；不知禮，無以立也；不知言，無以知人也。」也就是必須要知命、知禮、知言。我們一定要知道自己的人生使命。使命有大小，小的是個人的前途、個人的未來，大的是你在一個組織、團隊中發揮的作用和重要性；禮乃天地自然之道也，春夏秋冬、四季運轉，井井有條。如果人遵守自然之道，便能辦事有章法，修身有定力，知禮而得以立足於社會；不知言，無以知人。言為心聲，不知言就不能知道一個人的心理；不瞭解一個人的心理，就不能瞭解這個人。只要瞭解了別人的心理，善者我們會親近之，惡者我們會遠離之。

孔子有一次去齊國，聽到一種近乎完美的音樂，叫做《韶》，餘音繞梁，三日不絕。他非常高興，竟然「三月不知肉味」，三個月吃肉都沒有滋味。由此可見，追求完美的1號遇到完美的東西時，那種欣然快樂的心情。

作為1號的孔子，其性格總體上可概括為「溫良恭儉讓」，即溫順、善良、恭敬、儉樸、謙讓，這可以說是孔子畢生努力想達到的道德修為，也是儒家為我們所塑造的理想人格。

此外，好學也是孔子性格的重要組成部分，孔子認為好學是君子最難能可貴的品格。孔子曾自我評價說：「十室之邑，必有忠信如丘者焉，不如丘之好學也。」

1號的性格像清教徒，他們勤勞工作、有正義感、完全獨立，並堅信樸素的思想和善良必將戰勝人性的陰暗面。他們信奉「後天下之樂而樂」的思想，並有高度自律的精神，時刻在自我反省。

9 天生的辯論家

喜歡辯論是1號的個性。1號是壓抑情緒的類型。有情緒，有不滿，他一般是自我壓抑的。如果釋放出來，要麼是一股拯救道德和原則的正義之火，要麼就是懲治錯誤的無情之火。在1號向外噴射自己壓抑的情緒時，一定伴隨著激烈的言辭，所以有時候，在大家的感覺裡，1號特別好鬥嘴、好辯論，總是太過認真計較。

1號之所以喜歡辯論，是因為他的原則性強，他的世界觀是非此即彼、黑白分明的。

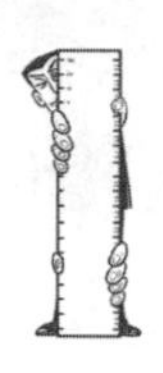

因此，凡是不合規矩的、不合道德的、不夠完美的，有點細微漏洞的，他都會指出來。要是別人只說了好的方面，他會指出壞的方面；別人只說出了壞的方面，他也會指出好的方面。比如，你要是和他談論目前的社會形勢，若只談陰暗面，他就指出光明的一面；你若只談光明的一面，他會指出陰暗的一面。他這麼做，就是因為他追求全面和完美。也正因為原則性強，所以遇到不合原則的事，總會據理力爭。在他的潛意識裡，只要是對的，就要堅持。

前些日子大受歡迎的大陸劇《媳婦的美好時代》中，主角之一曹心梅就是一個處於逆境當中，身上處處表現出喜歡辯論、鬥嘴的1號性格者。劇中，她是個曾因第三者插足而離婚、又再婚的女人，內心一直憤憤不平，處處找前夫和其新歡的麻煩，事事愛鑽牛角尖，得理不讓人。再婚後亦不幸福，與第二任丈夫情感淡漠。第二任丈夫又不幸去世，於是便將全部的希望寄託在兒子余味身上。

有人說她「節儉到有些極致、彆扭到近乎搞笑」。確實，這個人物對每一個人、每一件事幾乎都在較勁。

整個劇中，她都發揮出了好辯論的個性，往往與人針鋒相對，不落下風，絕不服輸。

她的名言：「與天鬥，其樂無窮；與地鬥，其樂無窮；與姚靜鬥，其樂無窮！」

比如說，佘味帶毛豆豆第一次見自己的父母，沒想到姚靜也來了。她和姚靜是死敵，一見面就吵，她罵姚靜：「你帶那鞋我敢穿嗎？那都是破鞋！」這一次還動手打了起來，甚至撞掉了一顆牙齒。

在毛峰和潘美麗的婚禮上，曹心梅看見姚靜的穿著，一臉的憤慨，對毛豆豆說：「什麼玩意兒啊，誰結婚啊，人家結婚還是她結婚啊，穿成那樣，腰後背露的，都快光屁股了，太不要臉了。」她甚至要衝過去教育教育姚靜，毛豆豆拉都拉不住。佘洪水看見曹心梅過來，趕緊把姚靜拉到一邊，這架才沒有吵起來。後來，秦素素來鬧了一場，曹心梅也終於找到了機會嘲諷姚靜幾句：「人頭太次了（意即水準太低），乾脆改成日本名字得了，人頭太次郎。」

再比如說，佘味家掛了一幅安格爾的名畫《泉》，她認為畫中的女人裸露全身，有礙觀瞻，就拿塊布把那幅畫遮蓋住。她對佘味說：「你爸本來挺好的一個人，就是整天弄這個給弄壞了。」她教育毛豆豆說：「姚靜不是一般的第三者，她是拆遷辦主任，你要是和她來往，你就成了支持第三者了。」1號說話是這樣的善於損人。

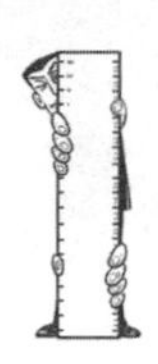

她的名言還有：「我不辛苦，我命苦。」、「吃不窮花不窮，算計不到就受窮！」、「你打114，人人和你說話。」、「什麼叫幸福，幸福就是我們這些不幸的人陪襯著你們幸福。」、「我現在就只能吃一條腿兒的。」、「難看死了，跟上吊繩兒似的。」、「你看這些蝦都看著我，來生找我索命。」這些語言非常精彩，既具體又犀利，還有幾分刻薄。

她對余味說：「你們甭繞，甭繞，有什麼直接說，直接說。」這也反映了1號說話的特色：直來直去，不喜繞彎。

1號處理感情的方法是：壓抑，否定，將感情投入到工作或活動中，追求完美，願意「跟著群眾」，討厭不守規則的人。

1號有很強的責任心，他（她）對感情很專一；1號有很高的道德感，始亂終棄的事情他（她）是不會做的。但是1號追求完美，所以他很難找到最中意的人。一般來說，兩個1號組成的家庭比較牢固，因為他們對生活的完美追求不謀而合。關於生活的共識是他們和諧相處的基石。

《媳婦的美好時代》中，曹心梅是1號性格，而且是逆境下的1號。劇中的楊樹是另一種類型的1號，原則性強，有時候顯得有點教條和迂腐。

曹心梅和楊樹同為1號，一個好辯論，一個卻言語不多，這是為什麼呢？劇中毛豆豆的一句話解釋了曹心梅性情的成因：因為生活的不幸福，所以待人遇事都非常不寬容。

1號總是在尋找完美的愛情，他們難以接受一個有缺點的人，他們努力打造最完美的愛情，他們會對伴侶重新進行包裝，試圖忘記對方性格上的缺點，發現對方性格中的優點。

總的來說，1號堅守原則，注意細節，善於發現別人話中的漏洞，在逆境下還有吹毛求疵的傾向，是個天生的辯論家。

9 嚴厲的批評者

1號是一位嚴厲的批評家。這位批評家手握尺規，時刻都在監督周圍的世界。1號性格者把這種強大的內在評判聲音看做更高層面的自己，一種超越日常思想的思想；一個沒有秩序、沒有是非、沒有規矩和尺度的世界是1號不能容忍的，不能接受的。一旦與他們內心堅持的原則發生了衝突，他就忍不住要批評、要改革、要完善。在他們看來，原則就

是原則，是神聖不可侵犯的，是指導我們生活、指導人與人之間關係的準則，誰也不能逾越。同時，他們自己的道德優越感又很高，所以對別人不禮貌、不誠信的行為會進行指責。假如在公車上，有人不給孕婦、老人讓座，他會進行批評、教育。在別人看來，他是多管閒事，他卻認為不讓座的人品格太低了，連起碼的做人道德都沒有。

魯迅是典型的1號，愛批判。他是偉大的文學家、思想家和革命家。年輕的時候，他立志尋求救國救民的思想，東渡日本學習醫學——因為在那個時代，中國人的身體羸弱，被西方人稱為「東亞病夫」，魯迅認為，救國莫過於先強健國民的體魄。這有一個大的時代背景，那就是甲午戰敗、戊戌變法失敗、義和團運動遭到鎮壓，列強欺凌，中華民族處於半殖民地半封建社會，所以1號看到環境變差、形勢不好的時候，就會站出來，尋找改革的方法。

當然，這裡的「改革」，指的是改變，包括改良和革命，目的就是將不好的改好，把有問題和漏洞的改正和完善起來。在環境好的時候，在沒有問題的時候，1號不一定會成為批判者，因為情況已經很好了，沒有可以批評的地方。這個時候，1號會成為一個敬業的執行者，甚至監督別人執行，發現不對的地方，他還會指出來。

我們都知道，魯迅後來棄醫從文了。這是為什麼呢？因為有一次在學校上課，他看到了一部關於日俄戰爭的時事片：一個中國人被當做俄國的間諜被日本人給抓住了，綁在柱子上，要被殺頭。旁邊圍著許多中國人，像看馬戲一樣，非常冷漠，非常麻木。這件事使魯迅意識到：光有健康的體魄，是救不了國家和民族的，要想挽救積貧積弱的國家，必須提高民族的素質，而提高素質的最有效的方法，莫過於文藝。所以，後來魯迅一直用揭露和批判封建制度、封建禮教和民族劣根性來表達自己的一腔熱忱。

《吶喊》是他發表的第一部小說集，那是他憤怒的火山大爆發。小說集揭示了種種深層次的社會矛盾，對中國舊有制度及陳腐的傳統觀念進行了深刻的剖析和比較澈底的否定。

比如說，《狂人日記》通過狂人的敘述，揭露了中國社會幾千年的文明史，實質上是一部「吃人的歷史」；披著「仁義道德」外衣的封建家長制度和封建禮教，其本質是吃人；《孔乙己》塑造了一個封建社會中沒落知識份子的典型形象，窮困、潦倒、迂腐、麻木，在封建科舉制度的毒害、摧殘下終被吞噬。作者抨擊了國民精神的麻木和社會對苦難者的漠視，同時對腐朽的封建科舉制度進行了尖銳的譴責；《藥》描寫了革命者流血犧牲

而不被理解，他們的鮮血反被做成人血饅頭去醫治癆病，發人深省地剖析了革命之所以不成功的歷史原因。

另外，他在《新青年》上也發表了許多批判性質的文章。有人說，魯迅的雜文如槍、如匕首。他是揭露和撻伐封建思想和專制制度最深刻最徹底的一位現代作家。

1號批判、批評的方式方法都非常獨特。別型的人們一般是看不下去了，直接罵人。1號則比較善於損人。

比如說，他用「媚態的貓」，「比主人更厲害的狗」，「雖然是狗，又很像貓」的巴兒狗，「聳身一搖，將水點撒得人們一身一臉」的落水狗，「遇見所有的闊人都馴良，遇見所有的窮人都狂吠」的「喪家的資本家的乏走狗」，「吸人血要先哼哼地發一通議論的蚊子」，「嗡嗡地鬧大半天，停下來也不過舐一點油汗，又總喜歡一律扯上一點蠅頭」的蒼蠅，

「脖子掛著一個小鈴鐸，作為知識階級的徽章」的山羊等動物，來比喻那些「壞種」、「屠殺者」、洋奴買辦、偽君子、幫閒文人、政治流氓、文化特務、社會渣滓等，比喻生動、恰當、具體，具有強烈的感染力和諷刺意味，加強了理論的說服力。

1號就是這樣透過自己的筆來揭露和批判自己認為不合理、不正確的東西。同時1號也是勇於自我批判的。比如說，《一件小事》在歌頌下層勞動者的崇高人格的同時，還反映了知識份子的自我反省，主張向最質樸的人性學習。1號也是懂得「吾日三省吾身」的。後期的魯迅發現自己的內心也出現了問題，他也毫不避諱。現代文學的第一部散文集《野草》就反映了他勇於自我批判的精神與勇氣。

總之，1號過於追求完美，無法寬容待人，憤怒是他們性格最核心的原動力。在這種原動力的驅動下，很多東西他們都覺得不順眼。看不下去的時候，就會指責和批評。又由於他們心細、不妥協，所以會是一個出色的批評家。

9 道德楷模

健康的1號是道德楷模，甚為自律，對自己要求很高，非常有責任感。因為在他的價值觀裡，做人一定要公正，做事一定要有效率。任何一個細節的疏忽，都是對自身道德的挑戰。他誠實、守信，說到做到，遵從不給人添麻煩、不占人便宜的倫理道德、金錢觀念，以道德聖人的形象示人，以聖人的標準要求自己，並且矢志不渝。

美國電影《阿甘正傳》中的阿甘就具備1號的性格特徵，他幾乎可以說是一個道德楷模。

阿甘憨厚、誠實、守信、認真、勇敢而重視感情，對人只懂付出不求回報，也從不介意別人拒絕，豁達、坦蕩地面對生活。

阿甘於二戰結束後不久出生在美國南方一個閉塞的小鎮，先天弱智，智商只有75。她媽媽從小就對他說：生命就像一盒巧克力，結果往往出人意料。言外之意，順著本能生活即可。成年的阿甘最喜歡說的話是：「我媽媽說……」阿甘的媽媽告訴他什麼呢？她告訴阿甘：遇到危險的時候要跑，跑得越快越好。阿甘確實這麼做了。他喜歡跑步，就一直不停地跑，從來不問為什麼。也是因為他有這個特長，他跑進了大學橄欖球隊，跑遍了整個美國。

1號的特徵就是順著自己的本能做事。影片中還有這樣一句臺詞：「當我累了，我就睡覺。當我餓了，我就吃飯。當我想去，你知道的，我就去。」這也說明1號是以堂堂正正的按照固定的標準去生存為第一位的，按本能做事的人。

阿甘的媽媽說：「傻人有傻福」，做錯事並不傻，只有傻子才做傻事，所以阿甘按傻子的方式去做事。而這裡的「傻子」卻是按傳統道德行事的人。阿甘單純正直、為人坦蕩，用他自己的話說，就是「傻就照傻的方式做」。

到了軍隊，黑人教官辱罵其他士兵是狗屎，說你們在軍隊什麼也不用問，只要服從命令就可以了。教官問阿甘來軍隊是為了什麼？阿甘說，我來這裡就是為了服從你的命令。

阿甘拆裝槍械，表現優秀，教官問他為什麼做得這麼好，阿甘說：「長官，那是因為我聽從你的訓導。」教官當即回他一句：「我從來都沒有遇到過這麼優秀的士兵。」

1號認為服從規則、服從上司是天經地義的。

1號是道德高尚、捨己為人的英雄。在越南戰場上，上司告誡他：任何時候，都不能丟下自己的戰友。在一次戰鬥中，他所在的部隊中了埋伏，小分隊被打散了，阿甘記起了媽媽和女朋友的囑咐，撒腿就跑，在敵人的槍砲中揀回了一條命。等他鎮定下來，發現戰友沒有出來，又重新衝入戰場，把負傷的長官救了出來。阿甘的行為使他成了美國英雄。

1號信守自己的承諾，說到做到。阿甘在戰友巴布生前答應過他兩人合作捕蝦。後來巴布戰死，阿甘退伍之後履行承諾，去巴布家那邊幹起捕蝦生意，陰差陽錯地發了大財，成了富翁。有了錢的他，質樸本色絲毫未變，他把巨款交到巴布媽媽手裡，體現了1號善良的天性和重視信諾的品質。

在「說到就要做到」這一信條的指引下，阿甘最終闖出了一片屬於自己的天空。

1號在情感上是壓抑的。我們可以看到，影片中無論阿甘和媽媽、珍妮還是戰友在一起，他都很少表露感情。比如說，他聽到媽媽病危，急得不知如何是好，跳到了河裡；他愛珍妮，但一直沒能說出「我愛你」三個字。影片中，阿甘圍著她轉，她到哪，阿甘就找到哪。阿甘在軍營發現珍妮的裸照，找到跳脫衣舞的珍妮，在酒吧打了調戲珍妮的男人。在演講時，與珍妮深情相擁，後來珍妮主動找到阿甘，又主動離開。1號就是這樣壓抑著自己的情感。

阿甘身上具備1號的特性，堪稱道德楷模。儘管他經歷了世事風雲變化，但無論何時，無論何處，無論和誰在一起，他都依然如故，淳樸而善良，簡單而自律地活著。

健康的1號非常正直，是非分明，擁有高度的倫理道德感。誠實與正直使他們成為傑出的道德楷模、眾人的典範，以及真理的見證。他們極有原則，永遠要求公正無私、客觀公平，願意為眾人的利益犧牲自己。

9 1號的生活樣貌

從日常生活和社會事件的角度觀察，我們也能發現1號的蹤跡。

1號善於找出錯誤，是辯論專家，因此在辯論場所，一般都活躍著為數不少的1號。

中國大陸的中央電視臺每年舉辦的3．15晚會，就是具有1號性格特質的晚會。維護正常的市場秩序，揭露和批判消費黑幕，關注消費者權益，這從最近幾年晚會的主題上也可以看出來。比如說：2002年的主題就是「共築誠信，我們在行動」，強調的是誠信，而講誠信是1號的人格特質，是1號內心對自己的要求；2004年的主題是「健康

秩序，健康生活」，強調秩序，要求在健康的主題下生活；2007年的主題是「責任、和諧」，強調人人要切實地負起責任來，共同構建一個和諧的商業社會；2010年的主題就更明顯了：「新規則、新動力」，強調人人都必須奉行不逾的規則的重要性，規則是推動商業社會淨化的原動力。從1991年至今，3．15晚會揭穿了無數的騙局、陷阱，揭開了無數的秘密、黑幕，維護了公平、公正，改變了無數人的命運和人生。每年的3月15日，3．15晚會都為保護消費者的權益，發出最強烈的聲音。

促進制度發展，共建和諧社會，這是1號最樂於從事的事業，也是他們的行為準則。而在大陸，那些支持、關注和參與「中國品質萬裡行」活動的人也大多是1號性格。

中國品質萬裡行宣導生產者和經營者恪守商業道德，培養誠信和諧的市場氛圍。這正是1號性格提倡的，非常吻合。

中國品質萬裡行曾發出過這樣10大消費警示：用餐記得要發票，吃壞腸胃好維權；精裝修房樣板美，小心交房已縮水；就診別忘複印病例，產生糾紛有據可查；老年保健陷阱多，「免費午餐」不好吃；「特許加盟」應謹慎，小心餡餅變陷阱；代客理財少保障，委託代理須三思；年後求職成高峰，五類陷阱應提防；網路購物風險大，付款之前先驗貨；

優惠充值問題多，街邊販攤要留神；婚介入行門檻低，徵婚廣告別輕信。這些話題都是社會生活品質的問題，也是誠信問題，自然是1號關心的問題。

1號對此很關注，很警惕，很注意其中的細節，喜歡就這些話題發表意見，表達個人的憂慮之情、譴責之意。

2008年，「三鹿」毒奶粉事件為食品品質再次敲響警鐘，這也毫無例外的引起了1號的關注。分析三鹿事件的直接原因，1號就會發出正義之火，是企業見利忘義導致的！有個1號人物甚至把憤怒之火瞄準了那些為毒奶粉代言的明星：「他們的職業道德在哪裡，他們的責任和義務在哪裡，他們不該為自己的不負責任而道歉，而懺悔嗎？」這股正義之火充分體現了1號被壓抑的情感釋放出來時的能量。

1號嚴於律己，道德意識強。2009年感動中國十大人物中，以一根拐杖撐起一個家的朱邦月，為了不辜負朋友的託付，幾十年來照顧死去朋友的遺孀和兩個兒子。即使在他們得了絕症，自己也單腿殘疾並病重的情況下，也無怨無悔地照顧他們的日常生活，不辭辛勞，為他們做飯、擦洗身體，就像一盞燭光，點燃著一個家庭的希望。朱邦月自然是1號性格，品德高尚，令人尊敬。

1號性格與國家：中國

傳統的儒家文化是典型的1號文化。儒家講究：君子愛財，取之有道。1號不做違反規則的事，不貪圖不義之財。無論是孔子提出的「君君、臣臣、父父、子子」，還是之後儒家提倡的三從四德，都是為了規範人與人之間的秩序的，凡事是講規矩的。《論語》中提到「君子」二字達到100多次，由此可見儒家的人格理想就是做個君子，像君子和而不同、君子坦蕩蕩、君子每日三省等，都是傳統中國人對自身人格修為的要求。

中國傳統文化講究服從，需要權威。很多時候，服從帶來效率，權威帶來穩固。中國人講究中庸，主張不要走極端。在做事上，追求完美，希望十全十美，不希望留下遺憾。

中國的漢字也具備1號的特色，在整個世界語言體系中，別具一格，非常方正，非常端莊，正方形的，感覺上就像1號為人周正、公平、正直。

中國古代的錢幣以方孔錢為主，外圓內方，也是非常符合1號的人格特點的。

北京城在佈局上，方方正正。故宮的佈局結構也非常典型。故宮嚴格地按《周禮．考工記》中「前朝後市，左祖右社」的帝都營建原則建造。整個故宮，在功能上符合封建社會的等級制度，同時達到左右均衡和形體變化的藝術效果。

北京的四合院，也是很方正的，非常大氣，非常莊嚴。「四」指東、西、南、北四面，「合」即四面房屋圍在一起，形成一個「口」字形。

現代中國人的服裝中的中山裝，從視覺美學上來說，講究方正，給人硬朗的感覺，也符合1號的特徵。

在家庭教育和學校教育中，我們講究站有站相、坐有坐相，強調一致性，不太主張個性化。

中國的飲食也符合1號特徵。中國的菜譜裡有主料、輔料和配料，秩序井然，各自發揮不同的作用，各有不同的效果。在製作的時候，要講究火候，也有一套完整的程序和先後法則。吃飯用的筷子，一雙兩根，具有對稱美，講究完美。中醫上也講究君臣佐使，講究秩序、講究功用，劑量和服用方法都有章法，不可亂來。

相對來說，中國人在情感上是比較封閉的，是壓抑的。家長對孩子的愛，不善於表達，甚至刻意回避，這與西方人有很大的不同。中國的傳統文化就是集體意識強，不講究自我，講究「同」，回避「異」，結果千人一面，沒有個性。「棒打出頭鳥」的觀念深入

人心。因此不好表現，不善於與人交往，很難表達自我，有時候難免畏畏縮縮，比較缺乏彈性。這也是1號處於逆境時的表現。

1號性格解析：

（1）與1號打交道的技巧

我們在與1號性格者相處時，要多讚美他在工作、生活等方面的高要求，最好是基於他的優點來讚美他，表揚他，儘量不要反駁，要表示認可。這樣就比較容易與1號有共同語言。

因為1號的批評性意見比較多，所以我們要鼓勵他們多關注正面的資訊，多看看積極的方面。另外，和1號溝通要講理性，要分析，要有證據，而不能憑感覺，不能過多地談個人好惡。

和1號打交道，要給對方指出方向和使命，這樣他會樂於接受，容易認可，會讓他覺得你是在替他考慮，是關心他。

如果對方是你的客戶，你在與他見面的時候，最好要穿戴整齊，整潔大方，這樣他才會喜歡你。因為他比較注意細節，所以你在細節方面也要多花一點工夫。

不要和1號性格者隨意開玩笑，尤其是那種不知輕重的玩笑，否則弄不好，容易自討沒趣。

（2）對1號的建議

凡事多一些彈性，多換幾條思路，多從幾個角度來思考，避免走進思維的死胡同。

在人際關係上，不要那麼苛求，不要隨意批評人，實在忍不住的時候，也要多讚美。讚美和笑臉能融化一切堅冰，這會讓1號性格者更討人喜歡，而不是冰冷、拒人於千里之外的樣子。

1號在日常生活中，應該活躍一點，不要怕表現，拿出激情來，要敢於表現。

情緒也不要那麼壓抑，放輕鬆一點，多給自己找點歡樂，多看看問題的正面，少看負面，多往好處想，少往壞處想，與別人要多一些溝通。不溝通，壓抑的情緒無法得到疏解，負面的情緒積累得太多，會走向固執和偏執。

另外，多笑一笑，生活會更精彩，要學會處理憤怒，放下對人的防衛心理，放下對人

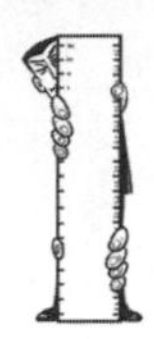

和事的偏見，多聽聽別人的意見，學會以開放的心靈來接納生活中的一切美好與不足。

1號還要學會授權，要包容別人做的沒有自己好，給別人一個改進和提高的機會。

（3）1號適合的工作

1號喜歡需要組織規劃和細心對待的工作，或是從事那些制定並監督程序的工作，比如道德規範委員會、仲裁委員會等。他們對事不對人。所以1號如果選擇從事財務、監察人員、產品檢查人員、監理、審計、訓導主任、校對等職業，會幹得非常出色。

1號不適合從事具有風險性的、變化大的工作，因為他不擅長根據變化不定或不完整的資訊來制定決策。

第二型

2號 愛是世界上最好的語言
——不可或缺的人際關係專家

2號最根本的恐懼，是不被愛、不被需要；他們的基本慾望，是希望能感受到愛的存在，自己是被別人關心的，這樣就很開心；他們對自己的要求是：有人被我愛，有人愛護我，就OK了。

當身邊有**2號**的人們存在時，我們會感覺到溫暖。同時，**2號**也喜歡把自己最好的一面展現給別人看——這使他看起來特別有魅力，充滿了人情味。

2號有時候過分在意別人的需求，而忽略了自己的需求，甚至有刻意討好他人的嫌疑。而一旦他們得不到關懷，便很容易對生命感到失望，並會產生一種被拋棄的感覺，充滿憤怒。

2號注重與他人的關係。他們善於覺察到別人的需求，並通過主動滿足別人的需求來實現自己的價值。他們通常是通過給予別人恩惠來與人保持關係。

《水滸傳》中的宋江就是這樣一個人際關係專家，也是因為有宋江這個魅力大哥，梁山的事業才蒸蒸日上，人與人之間融洽相處，親如一家。

2號喜歡幫助別人。《水滸傳》裡這樣介紹宋江：「平生只好結識江湖上好漢，但有人來投奔他的，若高若低，無有不納，便留在莊上館穀，終日追陪，並無厭倦。若要起身，盡力資助，端的是揮金似土。人問他求錢物，亦不推託；且好做方便，每每排難解紛，只是周全人性命。時常散施棺材藥餌，濟人貧苦，賙人之急，扶人之困，以此山東、河北聞名，都稱他做『及時雨』，卻把他比做天上下的及時雨一般，能救萬物。」

2號努力使自己成為一個偉大的人，為此他們願意不計前嫌地幫助別人，力求避免與人發生衝突。

「生辰綱」事件中，官府要抓打劫者，宋江得知其中有好友晁蓋，便非常著急，「擔

著血海似的干係」，冒著生命危險去通風報信，反映了他重友情的一面。

逃亡中的宋江在柴進的府上遇到了武松。一開始因為誤會，雙方還發生了衝突。後來誤會消除了，宋江攜著武松的手，一同到後堂的席上。後來又拿出銀兩來給武松做衣裳。武松離開柴進家回鄉時，柴進送他銀兩，他都沒有要。宋江非常關心別人的處境，能覺察到別人的需求，武松因避禍在外躲了一年多，肯定需要盤纏，因為這一年來花費柴進的太多，所以不肯再要柴進送的銀子。宋江提出送武松，一送好幾里，又是吃飯喝酒，又是結拜為兄弟，目的都是為了送盤纏給武松。

後來宋江在江州入獄，在戴宗處認識了李逵，第一次見面，因為聽說李逵想向別人借銀子，沒有借成，正在生氣，他二話沒說，就拿出十兩銀子送給了李逵。感動得李逵都在想：「難得宋江哥哥，又不曾與我深交，便借我十兩銀子，果然仗義疏財，名不虛

傳。」

宋江不光是幫助那些江湖好漢，凡是處於困境中人，他都願意幫助。他幫助閻婆惜一家就是例子。當時閻婆惜一家從外地流浪到鄆城，父親因為得了流行病死了，停屍在家，無錢辦理後事。閻婆找到王婆，要給女兒找個婆家。王婆找到了宋江，把情況說了，宋江二話不說，就送給了她棺材和十兩銀子，卻並未將親事放在心上。後來王婆來提親，他也是礙於情面，加上同情閻婆一家的處境，才同意與閻婆惜成婚，情愛的意味並不多。就連他後來殺死閻婆惜，被關進監獄，那兩個看守他的獄卒也是因為感於他平時的恩義而私放了他。當然，這是順境中的2號，急人之難，仗義疏財，想通過幫助別人，來贏得別人的尊敬。

在2號的世界裡，金錢和權力都不太重要。2號對錢一般沒什麼概念，他口袋裡有多少錢一般不會太清楚，最多只知道大概數目。

有人說，在梁山上，宋江有架空晁蓋的嫌疑，有奪權的野心，其實不然。宋江作為晁蓋的下屬，他是努力減輕上司負擔的，每有出征，都自行請命，其內心的聲音就是怕上司不需要自己了，梁山事業不需要自己了。

2號喜歡的工作是：大家相親相愛，就像一家人一樣，所有人都朝著同一個目標邁進，沒有衝突、紛爭，講究合作。

順境中的2號具有領袖風采。「江湖上只聞及時雨大名，無路可見，欲將此馬前來進與頭領，權表我進身之意。」此語正道出了宋江在江湖上的地位，且被認定為是實際上的梁山首領。

宋江自到梁山之後，對眾兄弟甚是關愛。體貼下屬，細緻入微，以此來換取眾兄弟的信任。《水滸傳》第三十四回，宋江率兵三打祝家莊。在此間，梁山收服了扈三娘。回到梁山之後宋江親自讓老父收扈三娘為義女，之後他又力勸俊美的扈三娘嫁給矮腳虎王英。此事梁山上下無不感其恩義，同時也化解了宋江與王英之間的間隙，使梁山兄弟一心。

逆境中的2號則不然。逆境中的2號是反智的。當閻婆惜威脅宋江，要將他勾結梁山的消息報官時，他一怒之下，殺了閻婆惜，而不是避走。

逆境中的2號有4號性格的負面因素，顯得情緒化。比如宋江在江州時，就常常跑到城中的潯陽樓上去喝酒，並且題了反詩：「心在山東身在吳，飄蓬江海漫嗟吁。他時若遂凌雲志，敢笑黃巢不丈夫！」這也反映出了逆境中的2號那種感懷身世、悽楚歎息，甚至內心憤怒的心理。

逆境中的2號內心沒有愛，但他依然很驕傲，經常對別人說「我是有愛心的人」。他想讓別人看到一個有愛的自己，讓別人認為他還有愛付出。

9 團隊中的黏著劑

2號的心理底限是被愛、被需要，他們最怕、最擔心的就是不被愛，不被需要。2號對生命的要求是：有人愛我，有人保護我，有人被我愛，就OK了。因此，他們總將愛放在第一位，設法幫助別人，能體察到別人的需要。對人非常友善，會做一些事來取悅別人，吸引你前來被愛。只要有愛，他就很開心，有時候，往往忽略了自己。

《媳婦的美好時代》中的毛豆豆就是2號的典型，余味則是6號人格。這兩個類型十分匹配。毛豆豆最大的慾望就是用體貼、溫柔、樂於付出的方式去照顧他人，這樣的特質讓余味感受到安全、溫暖及受到呵護。這也是在面對家庭關係極為複雜的余味時，毛豆豆不像其他人那樣立刻跑開，而是十分心疼余味，願意和他一起努力的最主要原因。

劇中有一幕，佘味攝影工作室因為生意不好，打算裁員。佘味和毛豆豆商量，佘味先說打算辭退櫃臺的小張，毛豆豆堅決不同意，她說：「人家一個小姑娘又能幹又聰明，好多事兒都靠她張羅呢，你別讓她走吧！」佘味又說那就讓化妝的走，毛豆豆也是不同意，理由是化妝的工作她不會。接著，佘味說那就讓化妝和服裝的工作一個人挑了，讓服裝大姐走，毛豆豆堅決反對：「那服裝大姐她生活多不容易呀！她老公失業，腿又瘸，她婆婆還躺在床上，小孩馬上考大學，她自己身體還不好，你開玩笑呢，砸人家飯碗。」2號就是這樣的設身處地地替別人著想，為人厚道，古道熱腸，對弱勢群體和有困難的人，感同身受。「我跟你說，你讓她走還不如讓我走呢，大不了我不幹了。」結果毛豆豆開口要走，正中佘味的下懷。

2號遇到別人有困難，或者處於困境之中，

總會伸出援助之手。他們心地善良，以幫助別人來肯定自己。他們內心期望人與人之間，應該互相幫助，應該多一份關懷。他們是人際關係方面的潤滑劑。有了他們，我們才感覺到一絲溫暖，彷彿和煦的春風吹過我們的心田。

毛豆豆和余味結婚以後，儘管余味的妹妹余好對她不友好，甚至非常討厭她，但毛豆豆一樣地屈己事人，因為她總想對自己的家人、對自己身邊的人好一點。

2號處理感情的方式，同樣是過分在意別人的需求，壓抑自己，忽略自己的需求。在愛的世界裡，屬於全心全意付出的類型。

在毛豆豆與余味的交往過程中，她向余味講述了一段過往的情感經歷。原來豆豆曾經有過一個男朋友，叫李若秋。李若秋屬於8號人格的人，同時也有4號人格特質，特別浪漫，對豆豆也一直不錯。可是在談了六年的戀愛之後，李若秋突然拋棄了豆豆，去追求一個有錢的女人。因為這個女人能幫助他的事業。毛豆豆有被傷害的感覺，充滿了憤怒。這樣的打擊讓豆豆不再相信男人，也不願意主動接受新的感情，甚至對整個生活失望。

2號對人的愛，有時候又表現得佔有慾非常強，給人以窒息的感覺。劇中有一幕，余味工作室生意好轉，晚上毛豆豆問余味：「那個長得像張曼玉的沒找你重照啊？」「她

哪兒像張曼玉啊，我問你？」問得余味有點糊塗。「她哪兒也不像張曼玉。」余味息事寧人。「那你幹嘛說她氣質特好，長得跟張曼玉似的？」毛豆豆仍不饒人。「我不忽悠她，她能在我這拍嗎？」余味回答。可毛豆豆的問題又來了：「是她像張曼玉還是我像張曼玉？」余味說：「你不像張曼玉。」毛豆豆聽了這話，臉色立刻就拉了下來，很不高興，重重地擱下勺子和筷子。余味趕緊補了一句：「你像費雯麗、林青霞、鞏俐。」毛豆豆聽了，喜上眉梢：「我告訴你啊，以後只許我像張曼玉，聽見沒有啊！」特地突出一個「我」字。

2號就是通過幫助別人，來引起別人的注意、感激和擁戴，因此他們會成為團隊中最好的黏著劑。他們總想協調好團隊中人與人之間的關係，讓大家能和諧地相處。他們是用心生活的人，對人與人之間的關係特別敏感，也特別在意。毛豆豆最終通過自己的努力使兩個婆婆和解，使大家真正像一家人一樣甜蜜地相處。

2號心裡一般都有本感情帳簿，和關係比較疏遠的人之間不一定有，但和特別在意的人之間肯定有。哪年哪月幫你做了什麼，他都會記得清清楚楚。要是哪天你惹怒了他，他就會和你翻臉，就會歇斯底里地清算感情賬。反過來也是一樣，你對他好，他也會記在心裡，設法找機會來回報給你。

《三國演義》中的關羽也是一個2號的典型。他喜讀《春秋》，素知春秋大義，為人忠義。自在桃園和劉備、張飛結義以後，追隨劉備，誓同生死，同甘共苦許多年，恪守信義，始終不渝。即使白馬被擒，身在曹營，也仍不忘舊恩，終於復歸劉備，忠義一時無二。

在曹操許田圍獵的那一次，他見曹操不把皇帝放在眼裡，搶了皇帝的風頭，有僭越的野心，就想殺曹操。但後來土山被圍以後，他在約定三個條件的前提下，歸降了曹操。曹操拜其為偏將軍，禮遇甚厚，上馬金，下馬銀，三日一小宴，五日一大宴，美女金錢，戰袍寶馬，過五關斬六將也不追究。後來，赤壁之戰中，關羽守華容道，正好遇到曹操從此

地撤退，正是人困馬乏之時，但關羽念及舊情，把他放了。

《三國演義》是這樣寫的：「雲長是個義重如山之人，想起當日曹操許多恩義，與後來五關斬將之事，如何不動心？又見曹軍惶惶，皆欲垂淚，一發心中不忍，於是把馬頭勒回，謂眾軍曰：『四散擺開。』這個分明是放曹操的意思。操見雲長回馬，便和眾將一齊衝將過去。雲長回身時，曹操已與眾將過去了。雲長大喝一聲，眾軍皆下馬，哭拜於地。雲長回身不忍。正猶豫間，張遼縱馬而至。雲長見了，又動故舊之情，長歎一聲，並皆放去。」

前面關羽還在視曹操為「國賊」，後面又在絕境中把他放走了，這都是因為2號的心非常柔軟，軟到過於重視人與人之間的情意，有時會放棄原則。

關羽重情義，「善待卒伍」，這也恰恰是他和部下關係親密的原因，由周倉、廖化可見一斑。荊州失守，關羽兵敗被殺，周倉從被圍困的麥城跳樓而亡。關羽死後，廖化還為蜀漢事業盡心盡力。

2號管理者通常比較傾向於和自己特別喜歡的人打成一片，相對來說，和不喜歡的人就比較疏遠了。他們喜歡搞自己的小圈子，圈子裡的人即使犯了些小錯誤，他們一般也能原諒。

諸葛亮離開隆中以後，關羽起初在內心並不服氣，看見劉備對諸葛亮那麼好，非常不開心，好幾次都表示不滿。在他的眼裡，桃園結義，就是一個打不爛的生死同盟。不光是諸葛亮，連後來的馬超、黃忠他都看不慣。

劉備在奪取益州過程中，收降了馬超，自領益州牧後，拜馬超為平西將軍。關羽因馬超並非舊友，又聞說馬超勇武，心中不服，便寫信給諸葛亮，問：「超人才可比誰類？」諸葛亮說：馬孟起兼資文武，雄烈過人，一世之傑，和英布、彭越一個水準，和張飛相比還差不多，與你相比就差遠了。這樣關羽心裡才平衡一點。由此也可見2號好面子的特點。

劉備進位漢中王，任命關羽為前將軍，黃忠為後將軍，張飛為右將軍，馬超為左將軍。關羽聞說黃忠與己並列，大怒道：「大丈夫終不與老兵同列！」不肯接受任命。這一方面說明關羽比較自負，另一方面，他也是不想接納圈子以外的人。

2號好面子，願意聽奉承的話。別人說一些能讓他開心的話，他就欣然接受。陸遜接替呂蒙後，曾派使者給關羽送去了禮物和一封信，信上恭維關羽水淹七軍，功過晉文公的

城濮之戰和韓信的背水破趙，還勉勵關羽發揮威力，奪取澈底勝利。關羽看到陸遜是個無名晚輩，「羽覽遜書，有謙下自托之意，意大安，無復所嫌」，對自己又如此恭敬、誠懇，就大膽放心，把荊州大部分軍隊陸續調到了樊城。

2號喜歡動之以情，當他處於逆境時，對別人的恭維是真是假，就搞不清楚了。傷心、難過、憤怒的時候，只要別人哄哄他，給足面子，給個臺階下，滿足一下他的虛榮心即可。

逆境中的2號有被傷害的感覺，他們處理感情的方式，則變得蠻橫無理、暴躁、霸道，操縱性強，對人有過分的要求。

魯肅向關羽討要荊州，他儘管理虧，但仍然不肯從兩家聯合的角度著眼來妥善解決問題。孫權派使者為自己的長子孫登向關羽的女兒求婚，關羽不但不應許親事，反而辱罵使者，說了什麼「虎女安嫁犬子」之類辱人太過的話語。正因為如此，才導致後來的荊州失守、兵敗被殺。

總是心太軟

健康的2號，樂於助人，富有同情心，同情弱者，竭力幫助那些情況不好的人。大家認為他的心腸特別軟，很容易被感動。

《紅樓夢》中的賈母就是這樣一個2號。看過《紅樓夢》的人都知道，賈母非常喜歡說話，對寶玉等孫輩非常溺愛，為人隨和，平日裡慈眉善目。她相信善惡有報，樂善好施，憐貧惜賤，愛老慈幼。劉姥姥進大觀園的時候，王熙鳳開始還不正眼看人家，賈母卻不以劉姥姥貧苦為意，帶著她遊園玩樂，還留她吃飯，臨走還饋贈金銀衣物，助她渡過貧困。

賈母是個慈祥的老祖母，對賈寶玉、林黛玉，她百般溺愛，看做是自己的「命根子」，「心肝肉兒」。她對寶玉的溺愛，竟不顧「男女七歲不同席」的古訓，讓寶玉和黛玉「日則同行同坐，夜則同息同止」。她對黛玉這個外孫女「萬般憐愛、寢食起居一如寶玉，迎春、探春、惜春三個親孫女倒且靠後」。賈政教訓兒子，也為的是光宗耀祖，可是她卻生怕愛孫受了委屈，對寶玉百般庇護，竭力阻止賈政對兒子的管束。

她甚至縱容小輩荒淫無恥，腐化墮落。鬍子花白，兒孫成群的賈赦要娶小老婆，賈母說：「我這裡有錢，叫他花他一萬八千的買去。」賈璉與鮑二家的私通，被鳳姐發現，鬧到賈母那兒，賈母卻笑著對鳳姐說：「什麼要緊的事！小孩子們年輕，饞嘴貓兒似的。那裡保得住不這麼著。從小兒老人都打這麼過的。」她對小輩凡事遷就，百般縱容溺愛，甚至到了是非不明的地步。

2號喜歡與人相處，喜歡熱鬧，想得到他人的認可和好感，希望被愛，被保護，並成為他人生命中的重要部分，往往扮演一個給予者。他們把被人需要看作生命中的頭等大事，總在不自覺間改變自己，迎合他人。

賈母在賈府雖然處於唯我獨尊的地位，但在小輩們面前卻並不總是板著面孔，而愛跟小輩們說說笑笑，尋個開心。老太太自己喜歡熱鬧，常和鳳姐兒及眾姑娘一起看戲。姑娘們在蘆雪庵聯詩玩樂，她知道了，也不告訴王夫人和鳳姐，自己坐了竹轎冒雪而來，與後輩們一起吃酒共樂。

賈母接待劉姥姥時，說話很謙虛。當她意識到王熙鳳的話太敏感，太帶刺兒，連忙說：「鳳丫頭，別拿他取笑兒，他是鄉屯裡的人，老實，那裡擱得住你打趣他？」2號在聊天的時候，很善於體察別人的感受。

2號的面部表情非常柔和，一般是笑容可掬的，微笑是2號的第一語言。當許多人在一起時，為了活躍氣氛，怕大家沉悶，2號喜歡講笑話。元宵夜宴的時候，賈母接受眾人「賞一個」笑話的請求，講了一個意味深長的笑話。

第五十回寫道，鳳姐兒開玩笑讓薛姨媽掏錢請客，讓她先拿出五十兩銀子，免得忘記了。賈母跟鳳姐兒一唱一和的，把眾人都笑倒在炕上。

賈母對待清虛觀那個剪燭花的小道士的態度與王熙鳳截然相反。小說裡寫道：「鳳姐便一揚手，照臉一下，把那小孩子打了一個筋斗……」「那孩子還一手拿著蠟剪，跪在地下亂顫。賈母命賈珍拉起來，叫他別怕……」

2號在付出的時候，常常是很高興的，精力充沛的樣子。他也很愛多管閒事，很感性，很熱情，常常覺得別人無能、太可憐或太懶，所以喜歡行善，以自我犧牲來取悅別人。

2號的生活樣貌

生活中，我們常常能看到這樣一種人，他們對人特別關心，相比之下，對事就沒對人那麼關心了。比如你告訴他，你的一個朋友開輛法拉利被大卡車撞了，他會很關心地問你，朋友現在怎麼樣了，嚴重不嚴重，有沒有立即送醫院，他很少問你那朋友的車撞得怎麼樣了。要是遇到災情，他也只是問人員有沒有受傷，而不是很仔細地詢問財產有沒有損失。

他們幫助人，取悅人，甚至刻意地抑制自己，來讓別人滿意。比如你講了一個笑話，即使不好笑，他為了照顧你，也會假裝大笑，還一個勁地誇你幽默；別人鼓掌，他也跟著鼓掌，你問他為什麼鼓掌，他極有可能說不知道。就是因為大家都鼓掌，他也跟著鼓掌。你向他借100塊錢，他會拿出200塊錢給你，還問你夠不夠，不夠的話，還可以再借給你一些，你也不用擔心他向你催要。到了該還錢的時候，明明他缺錢，等著你還，他也不好意思向你要。所以2號給我們的感覺是愛面子、怕尷尬、特別熱心。

他對別人家的事、別人家的困難，特別上心，有時候往往忽略了自己家的事、自己身邊的人，有屈己事人的味道。他把錢借給了朋友，他的妻子問他為什麼到了約定的時候，朋友怎麼還不還錢，他會替朋友辯解，好像是胳膊往外拐。家人和外人發生了衝突，他一般也是先批評家人。

2005年度感動中國人物、愛心大使叢飛就是一個典型的2號人物。十年來，他累計捐款捐物300多萬元，無私資助178名貧困兒童上學，而他自己卻一直過著清貧的生活，甚至患病時都無錢醫治。臨終前，他還立下遺囑捐獻眼角膜，用最後的愛心之舉，留給他人光明。

每年社會各界評選出的愛心人物、愛心大使、慈善人物，很多都是2號性格者。2010年春晚舞臺上，趙本山表演了小品《捐款》，裡面的人物錢大爺就是這樣一個充滿愛心的2號。他去銀行領錢，看見了為一個上不起大學的窮人家孩子募捐的活動，沒有猶豫，就捐了3000元，等到回家以後，發現捐了3萬元，不但把一年的收入都給捐出去了，而且把親家的錢也給捐了。親家讓他把錢要回來，他覺得不能讓這人失望，承諾再向別人借錢，還親家的錢。電視臺採訪他為什麼這麼有愛心，他說：「一方有難，八方支援，是不是？人遇到困難了，這時候伸出雙手幫他一把，說實話這時候了，咱們也在困難中度過，是吧？咱們孩子上學也遇到過困難，是不是啊？……」這就是2號助人者的內心寫照。所以對慈善事業、社會服務積極支持、熱情參與的朋友，即便骨子裡不是2號性格，也大都具有2號的性格特點。

2號性格者最多的地方就是那些義工團體。2008年汶川地震、2010年玉樹地震中，我們看到了許多志願者，他們無私奉獻，不計個人得失，幫助那些處於困境中的人們，拯救人們於痛苦之中，充滿了愛心。還有奧運會提供服務的義工，為弱勢群體提供法律援助、幫助別人維權的人士，他們都是愛的天使。

很多人都會懷念的歌星鄧麗君，就是這樣一個2號。雖然她是一個超級巨星，但待人隨和，毫無架子，並且堅守個人信念。她幾乎從不發脾氣，舉手投足都很溫柔，很美，很優雅，特別有女人味兒。她是一個感情豐富的人，常常會因為他人的不幸遭遇而黯然流下同情的淚水。她把親人、朋友、下屬都細心照顧好，自己的難處，自己的壓力，輕易不向外人傾訴。後期的鄧麗君全力以赴於慈善事業，接到各種演出的邀請她都會認真篩選，幾乎只參加慈善義演。

2號性格者還有我們身邊的許多媒婆、月老，他們為人熱心，總想撮合單身男女的姻緣，在他們看來，成就一對婚姻，可以得到巨大的心理滿足，等於做了無上功德。

再比如，好萊塢影星安潔莉娜裘莉也是一個充滿愛心的2號。她始終站在這個奢華世界的邊緣。身為聯合國難民事務署的親善大使，她行走在貧瘠的非洲、亞洲的一些地區之間，收養非洲棄女、柬埔寨的孤兒；她將柬埔寨的馬德望省稱為「我的家鄉」，號稱要入柬埔寨籍；她讓自己的親生女兒出生在納米比亞並申請納米比亞護照。我們可以常常看到她衣著樸實地攜兒抱女，眼神純淨慈愛。

大陸流行的影視作品中，我們也能看到不少2號。比如說《潛伏》中的左藍、《闖關東》中的朱母、《士兵突擊》中的史今都是2號性格。

左藍性格活潑開朗，善良真誠，忠於理想和愛情，就像旁白說的，這個女人身上的每一點都值得去愛。特別是她用自己的死保護了余則成的安全。

朱母就像一隻老母雞一樣，保護著自己的子女和兒媳們。儘管闖關東非常不容易，她始終要一家人都不要分離，即使生活得不好，也要在一起，家庭觀念非常強。

史今對許三多非常愛護，當年招許三多當兵，之後就像大樹一樣為剛入伍的許三多遮風擋雨，自始至終都是一個大好人，為了心中的承諾，不惜一切。

2號的內心可以用一句歌詞來概括：你總是心太軟、心太軟……

9 2號性格與國家：瑞士

2號性格的代表國家是瑞士。瑞士人的友誼好像和煦的春風，讓人踏實、放心，仿佛阿爾卑斯山永遠矗立在那裡，有了它的存在，我們就有了可信賴的友誼。這也正是2號性格給我們留下的體貼人、幫助人的印象。

瑞士自立國以來，一直奉行著中立政策，既沒有侵犯別人的野心，又不願受他人的凌辱，因此他們避免了兩次大戰的洗劫，成了歐洲最富有的國家之一。2號不喜歡人際衝突，希望人與人之間能互相關心，喜歡充滿愛的氛圍。

瑞士當時雖未加入聯合國，但聯合國的前身總部卻設在瑞士日內瓦。日內瓦氣候溫和，四季宜人。第一次世界大戰結束後，國際聯盟便設會於日內瓦，從那時起，日內瓦便成為許多重要國際組織選址之地，包括國際紅十字會、國際勞工組織、世界衛生協會等等。像國際紅十字會，近百年來，跨越國界，為許多人提供了無私的醫療救助。2號喜歡給別人提供無私的、忘我的援助。在瑞士每年要召開幾千次大型國際會議。像達沃斯論壇，就聚集了全世界政界、商界的精英。即便是白雪皚皚的冬季，也能讓我們感受到那股濃濃的溫情。

瑞士人的服務精神，非常符合2號性格，瑞士的銀行業、保險業非常發達，靠的正是這種服務精神。瑞士曾訂定銀行保密法，該法對保密要求極其嚴格；歐盟一些國家曾要求瑞士提供他們本國人員的銀行資料，都被瑞士拒絕。多數瑞士銀行不需要提供儲戶真實身份，很為儲戶考慮，非常有愛心，方便貼心。而且，他們的安全保衛系統也是全球首屈一指的。有一個關於瑞士銀行點鈔員的故事：點鈔員用法語數法郎、用西班牙語換比塞塔，在儲戶離去時，又用輕快的聲音對下一位說著英語的「歡迎光臨」，足見他們細膩、體貼的服務精神。

和2號相處，是令人心曠神怡的。瑞士是法國服裝設計師、義大利皮鞋製造商和紐約珠寶行爭相去開店的地方。許多名人都喜歡居住在那裡，像查理・卓別林、奧黛麗・赫本、盧梭、伏爾泰、拜倫、列寧等，都曾經在那裡住了很長時間，就是因為這裡的空氣都充滿了愛心，給人甜蜜的感覺，讓人感覺舒坦。

9 2號性格解析：

（1）與2號打交道的技巧

與2號打交道，一定要真誠。他幫助了你，一定要記得真誠地致謝。當他主動提出幫你時，如果你不需要他的幫助，一定要說明具體原因，不要冰冷地拒絕。當2號發表意見時，要認真傾聽，要表現出足夠的尊重，不要輕易否決他或者不聽。

2號善於隱藏自己的需求，所以要鼓勵他說出他的真正需求。另外，不要讓他付出太多，因為他有一本「感情賬簿」，說不定哪天感情天平失衡了就會被翻出來。

與2號交流，可以適時地有一定的身體接觸，這會讓他感到你們的關係更親密。2號更喜歡一對一的溝通。

2號好面子，怕當眾出醜，要給他臺階下，要給他足夠的時間和資料讓他去學習。

提醒2號有時要袖手旁觀，給予別人成長機會。提醒2號不要將人家的問題都往肩上扛。幫助2號分清事與人。

（2）對2號的建議

在投入生活，關心社會的同時，不要忽略了自己身邊日常生活應盡的義務，尤其是對於自己的家庭。不要通過討好、奉承來取悅人。2號要意識到自己對他人的真正價值，既不要過分驕傲，以至於有時候會對人提出過分的要求；也不可過於卑微。刻意地取悅人會讓自己更焦慮。被傷害的時候，甚至有復仇慾望，有時候往往是因為自己的驕傲感。

（3）2號適合的工作

2號比較容易取得權威人士的信任，能夠協助權威者開展工作。因此像秘書、助理等這一類工作比較適合他。2號還願意為大眾的利益服務，像社會服務、法律援助服務、公共利益服務等，所以志工的工作也非常適合他。2號喜歡通過行動展露自己的魅力，諸如此類的工作也是不錯的選擇，比如化妝師、演員等。2號比較不喜歡的工作環境是那種無法得到別人認可或贊同，甚至跟人發生衝突的，比如監督、檢查工作、激烈的商業談判等。

第三型

3號 我永遠是最棒的

——渴望成功的積極進取者

3號最根本的恐懼，是沒有成就、一事無成；他們的基本慾望，是希望感覺到自己的價值，期望能被大家接受、受到尊重；他們對自己的要求是：如果我成功了，並且受到別人的敬仰，就OK了。

3號對於自己的工作和未來的目標，總是充滿激情。他們刻苦耐勞，只想成就事業，也樂於成為領導人物；他們喜好學習，活到老、學到老，凡是對自己有幫助的，他們都願意學習。雖然他們不排斥「跟隨眾人的腳步」，但卻又往往不守規則，喜歡走捷徑。

3號的情緒也是壓抑的。他們逃避痛苦的方法就是讓自己忙起來，以成就來掩蓋痛苦。

9 總想做第一

3號性格的人認為成功的人生就是出人頭地，他們渴望站在人們面前享受鮮花和掌聲，希望所擁有的一切成就被人認可。他們精力充沛，善於交際，努力不懈。他們善於抓住一切可能的機會來達到自己的目的，給人留下積極向上、效率極高的印象。

三國時期的袁紹是典型的3號性格。他出身於四世三公家族，稱得上權貴子弟，典型的公子哥兒，其性格中帶著家族遺傳的高傲，好結交名士，比較張狂。

當年十常侍作亂，欲先誅何進，後立皇子協為太子，在帝已崩時，秘不發喪，矯詔宣何進入宮誅殺。何進聽從了曹操的計策，問大家：「誰敢與吾正君討賊？」袁紹主動請命：「願借精兵五千，斬關入內，冊立新君，盡誅閹豎，掃清朝廷，以安天下。」這裡可以看出3號的袁紹與8號的曹操的不同。同是校尉，曹操老謀深算，他知道「宦官之禍，古今皆有；但世主不當假之權寵，使至於此」。所以他說：「今日之計，先宜正君位，然後圖賊。」而3號的袁紹就比較急躁，行動力強，說幹就幹。

3號喜歡挑戰，喜歡競爭，在團隊裡勇於做第一，凡事以高標準要求自己，盡力做到最好，超過別人。他們相信憑自己的能力，一切都不在話下。所以順境中的3號積極追求成就，渴望得到別人的認可，實現自己的人生目標。

何進令董卓帶兵進京，威脅太后除掉作亂的宦官，其實他也不是不知道這樣容易造成天下大亂，只是他對自己的身份、家世和能力太自信了，認為自己可以從亂世中取勝。

董卓進京後，有一次在溫明園設宴，遍請公卿，妄議廢立，打算把當朝皇帝廢掉，換陳留王劉協當皇帝。座中荊州刺史丁原第一個反對，並指責董卓篡逆。董卓收買了丁原手下的大將呂布。後來，董卓又集公卿，令呂布率甲士千餘來監督會場，群臣震怖。儘管如此，袁紹還是挺身而出，反對董卓妄議廢立。董卓非常惱怒，想殺他：「天下事在我！我今為之，誰敢不從！汝視我之劍不利否？」袁紹毫不畏懼，也拔劍說：「汝劍利，吾劍未嘗不利！」董卓後來被身邊的謀士勸止了，袁紹也離開了京城，去冀州招兵買馬去了。這說明，3號並不怕挑戰，不怕困難，敢於鬥爭，同時也渴望做第一，贏得眾人的信服和尊敬。你董卓可以擁立皇帝，我袁某人也可以；你董卓擁立一個不懂事的小孩玩弄於股掌之上，我袁某就擁立一個有才有德的好皇帝。袁紹看中的皇帝候選人是時任大司馬、幽州牧的劉虞。

袁紹曾經打敗過公孫瓚，統一大半個河北，易京之戰更是贏得漂亮。他最後會輸給曹操並不是因為他弱，而是曹操太強了。他們性格中都有好勝多疑的成分，但曹操在多疑的同時還比較決斷，而袁紹「事多懷疑不決」。袁紹對人疑，對事疑，總是錯失良機。在官渡之戰中，他們二人都可謂殫精竭慮，鬥智鬥謀。曹操的催糧書信被袁軍截獲，許攸進言：「曹操屯軍官渡，與我相持已久，許昌必空虛，若分一軍星夜掩襲許昌，則許昌可拔，而操可擒也。曹操糧草已盡，正可乘此機會，兩路擊之。」袁紹卻說：「曹操詭計極多，此術乃誘敵之計也。」這說明袁紹是疑而不決，好謀不斷。後來許攸投曹操，曹操卻不疑，親自領軍偷襲烏巢。所以不能因為官渡之戰的失敗否認袁紹的勇敢和能力，只是3號疑而不斷的性格害了他。

3號為了把最好的一面展現在別人面前，不惜

戴著比自己實際狀況好很多倍的面具做人，做不到時甚至會選擇說謊和逃避。

十八路諸侯聯合討伐董卓的時候，曹操推薦袁紹為盟主，他說：「袁本初四世三公，門多故吏，漢朝名相之裔，可為盟主。」眾人也一致推舉他為盟主。可見，袁紹還是非常享受自己的身份帶來的利益的。在討伐董卓的過程中，他卻遲疑不進，想借董卓的手消耗掉別路諸侯的勢力。可以說，袁紹能當上盟主，不是靠實力，而是靠名聲。

郭嘉等謀士曾這樣評價袁紹：「袁紹好謀而少斷，知人又不能用。」事實也的確如此。袁紹棄田豐、沮授等謀士的良言不用，不在最能一鼓作氣，乘曹操攻打劉備，許昌空虛的時候，一舉可定大業之際，竟以小兒生病為由放棄這個大好良機。3號的袁紹跟8號的曹操比，因為好走捷徑成功，而不願意擔當，所以少了幾分英雄氣概！

處於逆境中的3號，會非常煩躁，急於成功。如果沒有成就，他會覺得自己沒有價值，因此會躲起來不見人。

官渡之戰失敗以後，袁紹一蹶不振，消極到了極點。不久，他在鬱鬱寡歡中，吐血而亡。這就是逆境中的3號不能排解內心苦悶的下場。3號是在壓力下成功的人，不過他們更擅長在順境中發揮自己！

9 喜歡走捷徑

3號喜歡競爭、喜歡挑戰，遇到困難的時候，能想出各種辦法來。如果從A地到B地，有多條道路可供選擇，他一定選擇最快到達目的地的那一條。在追求成就和成功的道路上，也是如此，他總能找到既省力又省心的方法，有時候給別人不夠踏實、走捷徑的感覺。

孫悟空是3號性格的代表。他敢於鬥爭，具有藐視一切的反抗勇氣，具有叛逆精神，不畏強權，勇字當頭，喜歡走捷徑。

孫悟空身上完全具有3號的特性。他的故事可以分為兩段：一段是從出生到大鬧天宮，另一段是護送唐僧西天取經。前一段是逆境中的3號性格，後一段是健康的3號性格。前一段，他敢向玉皇大帝嗆聲，真是強者為尊該讓我，英雄只此敢爭先。他對玉帝說：玉帝老兒，皇帝輪流做，明年到我家。玉帝沒有給他這個機會，他就跑到花果山逍遙去了。回到花果山，瓜果飄香，鶯歌燕舞，這就是逆境中的3號。逆境中的3號會變得頹廢、沉溺享樂。這樣一個積極追求成功的人，回到那兒，肯定沒有什麼作為。

3號的能力很強，他想通過成就來證明自己的能力。孫悟空神通廣大，降妖伏魔，這是他的本事，最擅長的就是一個筋斗十萬八千里、騰雲駕霧、呼風喚雨，七十二般變化，要大就大要小就小，還有一個13500斤的如意金箍棒。

3號不僅想取得成就、取得成功，而且想贏得別人的尊重，名利正是他渴求的。他們追求利益，但更追求名譽。如果二者兼得，那就再好不過了。

孫悟空有3號好名好利的特點。大鬧天宮打出天庭，不是為了財富，是為了名。當初他應召上天庭，官封弼馬溫。開始他不知道這個官有多大，幹得也很敬業，踏踏實實。可是有一天他聽說弼馬溫這個職位根本不入流，不是什麼大官，一氣之下，推倒公案、大鬧天庭。玉帝派出天兵天將到花果山來圍剿。天將們打不過他，孫悟空就自封為齊天大聖。王母娘娘也在一邊勸，不如就封他這個齊天大聖的名頭，然後讓他去看管我的蟠桃園。玉帝於是又讓孫悟空去看守蟠桃園，孫悟空也真願意去。第二次大鬧天庭，是因為王母娘娘開蟠桃大會，相當於天界的高峰論壇，所有的神仙都去了，卻沒有孫悟空的席位，他又不願意了，再一次大鬧天庭。

3號好走捷徑，這一點在孫悟空身上，也體現得比較明顯——孫悟空偷出王母娘娘的蟠桃，偷吃太上老君的仙丹，後來又去閻王殿裡把猴屬一類的從生死簿上勾掉，跳出三界外，不在五行中；在西天取經的路上，遇到妖怪不是打鬥到底，而是一次又一次地去天庭搬救兵。過火焰山那一回，他變成牛魔王的模樣，騙得鐵扇公主的信任，盜取了芭蕉扇——這些都表現了3號好走捷徑的習慣。最精彩的一次走捷徑，就是把老龍王的如意金箍棒給騙走了。

3號為人樂觀，凡事看好的一面，把事情往好的一方想，總能克服不利的局面。取經路上，孫悟空歷盡辛苦，隨機應變，而不畏縮屈服，始終英勇頑強，積極樂觀，即使遭到師父誤解和壓制，也毫不灰心。

沒有完美的個人，只有完美的團隊。3號的個人成功要靠團隊。個人不是萬能的，像孫悟空那樣有本領的，也不能獨自一個人完成取經大任，要靠團隊彌補自己的不足。實際上無論我們是什麼性格，都可以靠其中的那些有魅力的部分贏得眾人的支援和尊重，從而走向成功。

9 見風轉舵，只求達成目標

3號是一個積極追求成就的人，喜歡推動事情的發生，渴望把事情做成功。他們人生目標遠大。

歷史上的劉邦就是一個典型的3號。劉邦快30歲的時候，做了泗水的亭長。有一次，劉邦送服役的人去咸陽，路上碰到秦始皇大隊人馬出巡。他遠遠看去，秦始皇坐在裝飾精美華麗的車上威風八面，於是他羨慕地說了一句話：「大丈夫就應該像這樣啊！」這句話洩露了他心中的秘密，表明他不甘於平庸，想成就一番事業。3號就是這樣不甘心平淡過此一生的人，想以成就來證明自己是有能力的人。

3號為了成功，為了追求成就，特別善於包裝自己，推銷自己，是一個優秀的企劃者和推銷人才，而且特別有魅力，能吸引眾人的目光，自身也有強烈的表演慾。

在劉邦認識他的老婆呂公之女之前，有一次呂公過生日，舉行壽宴。壽宴上有一條規定：凡是賀禮錢不到千錢的人，一律到堂下就座，劉邦沒有帶一個錢去，卻欺騙負責傳信的人說：「我出賀錢一萬！」此舉引得呂公親自出來迎接他。

3號有時候會為了目的不擇手段，所以在與人相處時，總給人急功近利的感覺。有句話說：無事不登三寶殿。3號與人打交道，目的性非常明顯，凡是與自己事業、想做成的事無關的人，他都很少與之打交道。3號喜歡與成功的、有權勢的、有能力的人打交道。你要是問他為什麼這樣，他會告訴你：不是我不想和大家多溝通、多交往，而是我實在太忙了。

3號做事因為目的性太明顯，給人功利心太強的感覺。因為他們積極追求成功，投機性太強，所以別人認為他們臉皮厚，自私自利，給人不太注重別人的感覺。

楚漢相爭之時，劉邦曾經兵敗彭城，自己隻身逃走，兩個孩子也被沖散。其後在逃難人群中發現了自己的一子一女，但楚軍緊追，劉邦急於逃命，嫌車重太慢，竟將兩個孩子推下車去。部將夏侯嬰看見，急忙把孩子放回車中，如此反覆了三次。劉邦說：「我如此危急，難道還要收管兩個孩子，自喪性命嗎？」夏侯嬰反駁說：「這是大王的親骨肉，怎麼能捨棄！」劉邦竟然捨人救己，拔劍就砍夏侯嬰，夏侯嬰無奈，再也不敢把孩子放在車上，只好把孩子挾在腋下逃跑。

楚漢兩軍對峙時，項羽曾把劉邦的父親抓到軍中，想以此要脅劉邦。項羽把劉邦的父

親推到陣前說：「你如不撤兵，我就把你的父親烹了。」誰知劉邦根本就不在乎，竟然毫不猶豫地回答道：「我們倆曾經結拜為兄弟，我爸爸就是你爸爸，你若把你爸爸煮了來吃，請分我一杯羹。」項羽見威脅不成，又怕真殺了劉邦的父親，更激起對方的反抗決心，只好把劉邦的父親放了。

3號做事靈活，講究不拘一格，而且特別善於表演，能根據周圍環境和自身情勢的變化，不斷調整自己的策略，改變自己的形象，但內心的底牌不會改變，那就是為了成功。可以說，為了成功，3號是最靈活、最務實的一種性格了。

比如說，劉邦在鴻門宴上，就非常善於表演。他當面向項羽賠禮道歉，極盡虔誠、恭敬之能事，一再表白自己並沒有稱王關中的意思。用通俗的話說，就是特能裝孫子，賣乖討好。此舉果然引起了項羽的惻隱之心，儘管范增一再示意，項羽理也不理。劉邦借上廁所的名義中途離開，回到了大營，逃過了這一劫。項羽最終錯過殺劉邦最好的機會，以致後來自刎烏江。

楚漢相爭時，劉邦有一次正帶兵與項羽在滎陽對峙，數月不下。一天，韓信來信要劉邦封他為齊地的代齊王。開始看到信的時候，劉邦是勃然大怒。張良示意劉邦，劉邦就馬上改口說：「大丈夫要做就做真齊王，何必做什麼代理齊王呢？」3號就是這樣的審時度勢，根據需要採取自己的策略。

當然，劉邦畢竟不是一位草莽英雄，前人對劉邦最終獲勝，成為漢朝開國皇帝的原因多有分析。劉邦有駕馭全域、舉重若輕的雄才大略，有審時度勢、因時而動的精確的判斷能力，有能屈能伸、趨利避害、出生入死、大廈傾於前而不驚的大將風度，有不拘一格的用人術，虛懷若谷、從善如流的氣度，堅忍不拔、百折不撓的奮鬥精神。

9 只有成功，沒有失敗

3號希望通過自己的成就，證明自己的能力，來獲得他人的尊重。他樂於接受競爭，喜歡挑戰，追求成就感，總是把自己想像成勝利者並擁有相當的社會地位。

美國前總統柯林頓就是一個積極追求成就的3號。柯林頓能登上總統寶座，可以說完全是他赤手空拳、自我奮鬥的結果。

有感於自己的成就，他寫了一本傳記。裡面說他8年總統任上共消滅了4萬億美元赤字，刺激美國經濟增長，關心民眾疾苦，推動社會福利和醫療改革，改善美國公共教育，加強槍械管制，保護自然環境；外交方面，推動中東和平，制止波黑內戰，參與北愛爾蘭和平進程，打擊恐怖主義，宣導國際合作應對全球化問題。對這些成就，他非常自豪，津津樂道。

與美國歷史上其他的總統不同，柯林頓生下來就是個苦命人。他出生之前三個月，他的生父就死了，他的媽媽也改嫁了。

10歲時，他家買了電視，他最喜歡看的是當年的共和黨和民主黨全國大會。他在傳記中說：「我坐在電視正前方的地板上，觀看兩個大會，完全被吸引住了。這聽起來像是瞎扯，可在政治家的世界裡，我的確有一種找到家的感覺。」讀高一時，他在模擬選舉中勝出，受到總統甘迺迪接見；上大學時當選為班長。

16歲時，他自信地認為：「我清楚，在公共服務的領域內我可以出類拔萃。我最感興趣的是人，是政治，是政策，而且，我認為不靠財富，不靠關係，不靠南方所看重的種族或其他根基，自己也能做到這一點。」

3號的目標感非常強，知道自己要什麼，知道自己要去哪裡，知道通過什麼手段能實現自己的目標。柯林頓高中畢業，申請大學時，並沒有考慮常春藤大學，而是選擇了最接近政治中心的喬治城大學外交學院。原因是這個學校位於首都華盛頓。他認為，只要待在華盛頓就能掌握所有的國內問題。

大學時期的暑假裡，他選擇為民主黨候選人競選州長做義工。通過這種方式，一方面積累了政治人脈，而且理解了美國政治的實際運作，為自己今後參加競選積累了經驗。3號做事就是如此有步驟，有計劃性，不盲目。

在耶魯大學讀書期間，柯林頓主要做了三件事，都與他的人生目標息息相關。通過幫助1972年民主黨總統候選人麥戈文競選，他瞭解全國性競選政治的運作，建立政治關係網；通過學習法學，拿到博士學位，他在家鄉的大學裡找到教授職位，在他看來，教授職位可以讓他一邊教書一邊參與政治；迎

娶聰明的同學希拉蕊為妻，等於找了一個政治伴侶。

3號注重外在形象。我們看到柯林頓在公眾場合，總是神采飛揚，一舉一動就像一個明星，非常有魅力。即使在他因為緋聞被國會彈劾時，他的神采依然不減。

3號爭強好勝，喜歡像明星那樣，成為眾人關注的焦點。柯林頓從小爭強好勝、不甘人後。他上小學時的成績一直十分優秀。一天，他帶著成績單回到家裡給母親看，各門課的成績評分都是「A」，但是「表現」一欄裡卻被老師打上了「D」。他媽媽去問老師這是為什麼。老師說，柯林頓太好強而且反應太快，在課堂上回答問題時，總是搶著回答，而且什麼問題都能回答，使別的同學得不到回答問題的機會。所以老師給打了個「D」，希望他能把回答問題的機會讓給同學們。

3號追求成就，目標感非常強。他要是領導，一定能夠帶領團隊成員為目標去衝鋒，克服一切困難，想盡一切辦法來達到目的。所以3號一天到晚，所有的時間，都是用來實現他的目標的。在別人眼裡，他是一個工作狂，精力充沛，不知疲倦。即使離開美國總統的寶座，柯林頓依然閒不下來。離任後的他旋風般地四處演講、成立柯林頓基金、協助妻子希拉蕊競選總統，擔任聯合國海地特使參與海地地震救災等等，看起來還是那樣忙碌。

3號特別有激情，喜歡跟人打成一片。3號的口才很好，善於包裝和推銷自己，而且說話特別誇張。柯林頓成功的根本原因也在於他擅長跟人打交道。他可以自如地跟任何階層、任何種族、任何背景的人打交道，極有親和力。無論是在小圈子裡，還是在公眾面前，他都能應付自如。

3號喜歡學習。只要符合他目標的東西他都會學，所以每天他都會很忙。柯林頓小時候，非常喜歡看書。他媽媽再嫁後，繼父酗酒，常常和媽媽吵架，有時候還動手。柯林頓後來回憶說：「每當我遇到家中的不幸，我就去埋頭讀書。」只要對成功有用的他都會學習，他也曾經向管理大師彼得·杜拉克學習過管理。

3號的人生字典裡只有成功，沒有失敗。為了成功，他們肯學習，工作認真努力，積極主動，能充分發揮個人的主動性，有時候甚至採取不光彩的手段。他們喜歡與人打交道，喜歡出風頭，喜歡表現，渴望得到肯定與尊重。當結果沒有達到他們的預期時，或者沒有實現既定的目標時，他們就有深深的失敗感。

9 3號的生活樣貌

3號的人生是非常積極的，勇於進取，勇往直前。他們目標明確，為實現目標採取的手段也非常靈活。

他們內心有個聲音：不要阻擋我前進。以前清朝士兵的衣服上，胸前都印上一個「勇」字，意思就是鼓勵士兵奮勇殺敵，頑強拼搏。3號的性格就是如此，只有成功，沒有失敗，不成功便成仁。

他們追求名利、追求財富。像通貨膨脹這樣的事情，不是他們擔心的，因為他們已經想到了辦法，那就是設法跑贏通貨膨脹，賺到更多的錢。他們不怨天尤人、坐以待斃，而是主動出擊。他們渴望成名，「一夜成名」、「一夜致富」是他們的夢想。

3號無懼競爭，喜歡炫耀，有的甚至想通過比賽來脫穎而出，名揚天下，成為明星。我們在生活中也能常常看到這樣的場景，你去一個人的辦公室，可以看見他和許多大人物、明星的合影，他們把這樣的照片放在顯眼的位置，生怕客人看不見，在聊天中，還故意拿來炫耀一番，目的就是突出自己多麼有本事、多麼厲害。

還有一種人，他們開口就是「我的大伯怎麼怎麼厲害」、「我的小舅擔任什麼官職」、「我的兒子是北大博士」，這種人也有3號性格的影子，他們好炫耀、好誇大、好自抬身價，老覺得自己比別人高出一等。炫耀的目的就是讓別人仰視他，不可小覷他，從而滿足其虛榮心。

在電視節目裡，我們也能看見許多明星有炫耀的心理。他們喜歡炫耀性的語言、炫耀性的消費、炫耀性的著裝。一般來說，他們都是奢侈品品牌的愛好者，是高消費場所的VIP會員。

3號最喜歡也最可能去的地方是運動場、比賽場，因為這裡充滿了競爭。正因為如此，像房地產、黃金、汽車等市場火紅的時候，他們不會放過這樣發財的機會。這些行業中許多成功的人，大都是3號性格。

流行的電視劇中，也有許多是3號性格，像《杜拉拉升職記》中的杜拉拉，《潛伏》中的陸橋山、李涯、謝若林，《亮劍》中的楚雲飛等。

杜拉拉總結的職場中的兩條定律可以看出這一點：「多參加團體活動，能增加良性進程。」、「緊挨著核心業務這棵大樹來發展，才不會被邊緣化並能最快地發展。」3號就

是希望能快點成功、離核心更近一點。她總結的愛情定律也是如此：「愛情不是用來考驗的，而是用來珍惜的，對女孩而言，青春苦短，守著一份變數太大的愛情是最大的危險。」

《潛伏》中，身為情報處處長，陸橋山的「主業」卻是排擠馬奎和李涯，他的注意力不在工作，而在如何當上副站長，甚至取代站長。他的成功慾確實非常強烈。

李涯為了查出余則成的破綻，每天吃睡在辦公室，不近女色，完全是一個工作狂。謝若林愛財如命，除金錢利益外沒有信仰沒有原則，甚至到了不擇手段的地步。

《亮劍》中的楚雲飛絕不消極避戰，而是主動出擊，以他現有的裝備和兵員發揮出最大的潛能。他有句很經典的話：「假如能給敵人造成重大損失，楚雲飛隨時願意與魔鬼合作。」他軍校畢業後，從見習排長幹起，戰鬥經驗豐富、膽識過人、槍法精準、戰術指揮能力較強。此外，他還有些虛榮，喜歡幹些驚世駭俗之事，不單為了成就事業，也為了驗證自己的能力。他的營長叛變，他親自帶兵去平叛。日本憲兵大隊長過生日時，他約李雲龍去大攪一番，總想抓住機會幹點轟轟烈烈的大事業，最好一鳴驚人，最好一戰成名。

3號性格與國家：美國

美國是3號性格的代表。3號追求成就，目標感明確；美國人追求夢想，勇於為夢想而奮鬥，這跟3號性格非常相似。

恩格斯晚年曾來到美國，他看到美國民族的精神風貌和蓬勃奮發景象，斷言：下個世紀世界上最強大的國家一定是美國！

有一個詞，相信大家都知道，那就是美國夢，這也一直是美國人引以為豪的東西。他們認為只要有目標、有夢想，通過自身的努力與奮鬥，都可以在這片土地上實現。3號性格者正是這樣，他們渴望成就，肯努力，積極追求成功，用成就來證明自己的價值和存在的意義。他們來到這個世界，就是為了追求成就和榮譽的。美國人堅信只要勇敢地參與競爭並作出犧牲，就能獲得成功。美國人終其一生、一代接一代、經久不息地奮發有為，創造出許多偉大的成功奇跡。

美國人為名利而忙碌，在美國各地，我們都能看到那些忙碌的身影。比如說在華爾街，有人說，這裡是世界上最忙碌的地方，這裡的人追求財富，追逐夢想，時刻想著發大

財。這裡集中了全世界最有商業抱負的投資家和掮客。他們每天都在為金錢而算計。這就是3號性格的反映。

金融危機，就是他們追逐財富野心給人類帶來的災難。3號性格有時候為了成功，會不擇手段。有些華爾街大老為了個人財富的增加，不惜採取虛構事實、無視金融監管，採取隱蔽的手段，攫取巨額利潤。就連美國總統歐巴馬也譴責華爾街是騙子的聚集地。

3號性格者有走捷徑的習慣。這一點，在美國身上，也體現得非常明顯。比如說美國雖然也參加了兩次世界大戰，並且都作為勝利的一方，參加了戰後協議的簽署，但美國參戰的時間都比較晚。第一次世界大戰的時候，美國是1917年才參戰的。才一年多一點的時間，戰爭就結束了。美國人非常善於選擇時機，開始的時候，他們坐山觀虎鬥，賣武器給交戰的雙方，大發戰爭財。作為勝利的一方，他又把持國聯，主持簽署了《凡爾賽條約》，以及一系列停戰協定，最大化地撈取好處；第二次世界大戰也是如此，開始的時候，他們也是奉行中立政策，和交戰各國做生意，大賺了一筆，最後是在日本偷襲珍珠港後，他們才參戰的。這個時候，距離世界大戰的槍聲打響已經有三年多了，距離中華民國開始抗擊日本軍國主義已經有六七個年頭了。日、德的實力也消耗得差不多了。

美國的汽車，也有鮮明的3號性格特點。派頭十足，豪放、狂野、不拘小節、馬力較強，並注意車廂寬敞，內部設施豪華，外觀粗線條。縱觀美國名車凱迪拉克、別克、雪弗蘭、福特，最顯著的特點就是既長又寬。美國轎車豪華氣派，設備齊全，寬敞舒適，行駛平穩，處處顯示出美國人的生活方式，美國人凡事要做第一、喜歡競爭的個性在車上顯露無遺，但缺點是油耗較大。

9 3號性格解析：

（1）與3號打交道的技巧

3號渴望得到贊許和肯定，而且對形象非常在意，所以可以大聲地讚揚他們的魅力與成就。3號在乎形象，所以要懂得維護他的形象。和3號說話，不要過度重複，否則他會嫌慢、嫌煩。

如果你讓3號做一件事情，把結果和目標講清楚就可以了，尤其是成功後的結果。3號在團隊裡是耀眼的明星，多讚揚他的帶頭和表率作用，同時也不要忘記提醒他，別人對他的進步也有協助作用。3號的時間非常寶貴，所以不要浪費3號的時間。

3號需要權威的支援和鼓勵，所以在他行動前要使他看到前途和光明；行動中，給予支持；遇到挫折，及時給予幫助；消沉時，激勵他重新投入競爭中去。

在與3號合作中，無論利益如何分配，一定要讓他覺得他占了上風。

（2）對3號的建議

不要太爭強好勝，更不必樣樣都要做第一，集中注意力於重要目標即可。不能通過貶低別人來自抬身價，要學會尊重他人。不要太沉緬於幻想，務實一點。不可急功近利、急於求成，行動之前，多思考三分鐘。感情也非常重要，在忙於追求成功的時候，不可忘記關心他人。對待他人的批評，應抱著有則改之無則加勉的態度，切不可置若罔聞、閉目塞聽。把一項工作堅持做完，不要遇到挫折，就輕易放棄。不要不可一世，覺得自己是多麼的重要。工作的時候，多用心感受。對人對事，應該投入更多的情感，做事時也要積累更多的心靈感悟，這樣可以避免空虛感。

（3）3號適合的工作

3號適合從事開拓性工作，比如說經過不斷的市場洗禮，逐步發展壯大的企業。他們喜歡具有發展空間的高層職位，比如高層管理人員。那些需要不斷打磨和耐心的工作不太符合3號的個性，比如文學創作、藝術設計。在職業選擇方面，經理、銷售、公關、記者等都比較適合3號。

第四型

4號 跟著感覺走

——注重內心的感性主義者

4號最根本的恐懼，是不特別、平凡、與旁人一樣，害怕找不到存在的意義；他們的基本慾望，是追求自我，並偏好在過去與內在的經驗中尋找有價值的東西；他們對自己的要求是：如果我忠於自己的感受，就OK了。

4號喜歡跟著感覺走，同時他們也是悲情的浪漫主義者。他們對苦難有一種與生俱來的親切感，並且非常享受這種感覺。他們特別適合、並且喜歡與那些處於危難或悲傷境遇的人打交道。他們有一種獨特的毅力，願意幫助他人走出感情創傷，善於撫慰別人的心靈。

9 情緒變化猶如一日四季

4號內心的情感變化特別快，可以用「一日四季」來形容。有時候他自己都搞不清楚自己的感受，尤其是對待愛情。在4號看來，愛情是至高無上的，就像一場風花雪月的事。

歷史上有愛德華八世為女人不惜放棄王位，不愛江山愛美人。這說明他是一個性情中人，以情感為導向，權力不是他最高的人生追求。法國總統薩科齊也是這樣一種性格，同時他的權力慾也比較強，是4號為主、兼有3號特徵的人格。

逆境中的4號情緒不太穩定，認為自己是最有感受力和最有品位的，內心世界也是最豐富的，所以什麼都無所謂，因而經常扮酷，有時候還會蔑視周圍的人。薩科齊在外交事務中就常常有這樣的表現，輕易承諾，又很容易就違背了自己的承諾，給人以多變的感覺。4號就是這樣，情緒變化非常快，對周圍的人、事、環境十分敏感，內心很難保持安靜。

媒體曾經報導過，有一次薩科齊在參加巴黎農業博覽會時與一名觀眾發生口角。這名

觀眾拒絕與薩科齊握手，並對薩科齊說：「不要碰我，你會把我弄髒。」薩科齊則反唇相譏：「滾開，蠢貨。」一時成了新聞。由此可見，他是一個情緒起伏很大的人。他不像別的政治家那樣有涵養，即使遇到面對面的挑釁者也顯得大度和寬容，以展示一種姿態——大家也許都還記得小布希在演講時被鞋子襲擊的事。他們兩人的表現截然不同，實則是因為個性不同所致。

正是因為有這樣「一日四季」的情緒變化，讓別人琢磨不定，所以我們可以常常看到薩科齊的趣事。比如說，有一次，他在美國的一個豪華湖畔享受夏日長假，不料被敬業的美聯社記者過於接近，薩科齊跳上前去痛斥一頓，直到記者承諾不再打擾為止。

再比如說，有一次薩科齊去法國西南部一個城市視察。當他前呼後擁地經過一條街道時，一個20歲剛出頭的小夥子站在陽臺上大聲痛罵薩科齊。薩科齊並沒有親切和藹地詢問他有什麼不滿要向政府訴說，而是擺出單挑的姿勢說：「有種的，你下來！」由此可見薩科齊的率性。

4號喜歡追尋秘密的驚險，喜歡玩火的感覺，他們會因為惹火而興奮，因為這樣他們就與眾不同了。4號非常情緒化，他們更喜歡波濤洶湧的大海，而不是風平浪靜的大海。

9 跟著感覺走

4號是個人主義者，凡事從個人感受出發。感受是第一位的。如果感覺好，表現就好；如果感覺不好，表現就不好。可以說，4號是典型的性情中人。

詩人徐志摩是一個典型的性情中人，他是近代文學史上的一位才子，風流倜儻，玉樹臨風，灑脫不羈，追求浪漫。徐志摩曾這樣評價自己：「我是個好動的人，每回我身體行動的時候，我的思想也仿佛就跟著跳蕩。」

徐志摩做過的許多事情，都令常人無法理解。比如說，他會站在雨中等彩虹；不顧別人議論爭取戀愛自由；拋棄美好的前程去英國學習，只為要拜羅素為師；拋棄舊業，只是為了嘗試寫幾行新詩；花許多工夫去見朋友一面，只為說幾句話。

梁實秋記述自己和徐志摩的交往寫道：「我曾和他下過圍棋，落子飛快，但是隱隱然，頗有章法。下了三五十著，我感覺到他的壓力，他立即推枰而起，拱手一笑，略不計較勝負。他就是這樣的一個瀟灑的人。他飲酒，酒量不洪，適可而止。他劃拳，出手敏捷，而不咄咄逼人。他偶爾也打麻將，出牌不假思索，揮灑自如，談笑自若。他喜歡戲謔，從不出口傷人。他飲宴應酬，從不冷落任誰一個。他也偶涉花叢，但是心中無妓。他也進過輪盤賭局，但是從不長久坐定下注。」

他深信人生必須有愛、自由和美。他是一個理想主義者，同時是一個極端浪漫的人。他具有驚人的創造力和敏銳的直覺，對身邊的人、物都非常熱愛。

4號的內心感受很豐富，且有變化。他忠於自己的感受。開心就是開心，不開心就是不開心，喜歡就是喜歡，不喜歡就是不喜歡，喜怒形之於色，從不刻意隱瞞。

當他不喜歡張幼儀的時候，毅然和她離了婚。隨後無可救藥地愛上了林徽因，愛得真摯，感人肺腑。他也是一個「情癡」，後來又遇上了有夫之婦的陸小曼，他們相愛了，他沒有因為陸小曼的不雅行為而拋棄她，省吃儉用，積蓄費用供她花銷。

他有著濃得化不開的情懷。他寫過《再別康橋》：「在康橋的柔波裡，我甘心做一條水草。」這是因為他鍾情於大自然的優美、寧靜。在他眼裡，現實社會是醜陋的，生活是痛苦的，只有大自然是純潔的，美好的。只有接近自然，才能找到自己的純真的天性，才能活出真實的自我。這些正好符合了4號的信念——「真的就是美的，美的就是真的」。

蔡元培曾這樣評價徐志摩：「談論是詩，舉動是詩，畢生行經都是詩，詩的意境滲透了，隨遇自有樂土。」蔡元培說徐志摩在日常生活中談論的都是詩，認為他的一舉一動，都像極了詩歌。不管他到哪裡，都能發現常人無法發現的美。

有人說，徐志摩高興起來，他的翅膀可以碰到天。當他難過的時候，又彷彿沉到了無底深淵。他的情緒變化就是這樣，而行事又往往跟著自己的感覺走。感覺好的時候，非常激情活力；感覺不好的時候，又比死還要難受，簡直判若兩人。

4號喜歡獨特的體驗，沒有經歷過的事情他都想經歷一番。他最怕平凡和平淡，他的生活豐富多彩，跌宕起伏。4號的注意力總是不斷轉向缺失的美好，擁有的東西看上去總是枯燥和毫無價值的。

當年，年僅16歲的林徽因跟隨父親遊歷歐洲，和徐志摩在英國相識。那個時候，徐志摩已經結婚，並且還有一個兩歲的孩子。隨著和林徽因親密的交往，他漸漸被林徽因吸引。

徐志摩追求林徽因，一方面因為他們之間志趣相投，更重要的他追求真正的情感交融的戀情。他不喜歡平淡如水的婚姻生活。

他後來和原配妻子張幼儀堅決離婚，就是不想過平淡的生活。徐志摩後來認識了陸小曼。陸小曼當時是他朋友的妻子，能詩善畫，口才一流，風度翩翩，還善於表演藝術，具有強烈的個人魅力，是典型的3號性格。他們彼此之間是心靈相通。但在中國人的傳統道德觀念中，愛上朋友的妻子，怎麼說也是不好的。所以此舉遭到了朋友們的普遍反對。徐志摩不管這些，瘋狂地愛上了陸小曼，他說：「真愛不是罪惡，在必需時未嘗不可以付出生命的代價來爭取，與烈士殉國、教徒殉道，同是一理。」、「我之甘冒世之不韙，乃求良心之安頓，人格之獨立。在茫茫人海中，訪我靈魂之伴侶，得之我幸，不得我命，如此而已！」

徐志摩用自己的詩歌和才華深深打動了陸小曼，陸小曼甚至為他打掉了自己和丈夫的胎兒，然後離婚，投入到徐志摩的懷抱，不顧任何禮教綱常。

他們的相愛可以說十分驚世駭俗。梁啟超在他們的婚禮上，擔任證婚人，說：「徐志摩，你這個人性情浮躁，所以在學問方面沒有成就；你這個人用情不專，以至於離婚再娶！」

1931年，徐志摩因飛機失事身亡。陸小曼和林徽因都寫了「悼志摩」的文章。

4號的愛情經常分分合合。擁有的時候推開，得不到的時候又拉回來。正如徐志摩詩中所說：悄悄地我走了，正如我悄悄地來……

9 悲情主義者

4號骨子裡透著孤獨、淒涼，他喜歡陰鬱的天氣和憂鬱的感覺，喜歡格調憂鬱、淒涼的詩詞。4號容易被痛苦和悲傷的事情所吸引，表情憂鬱、幽怨，是一個澈澈底底的悲情主義者。

《紅樓夢》中的林黛玉是典型的悲情主義者。她寫過一首《葬花辭》：「一年三百六十日，風刀霜劍嚴相逼。」我們可以感受到她的獨特另類和悲情，得不到別人的寬容，得不到別人理解的情懷。即使如此，她的心依然是浪漫的：「願奴肋下生雙翼，隨花

飛到天盡頭」，這是怎樣的一種浪漫的境界啊。當然，她的心裡也是悲觀的。在葬花的時候，她想到了自己的家境、自己的身世：「儂今葬花人笑癡，他年葬儂知是誰」，這是一個悲劇的情結。就連紫鵑都經常說她：太浮躁，小性子。4號性格內向，憂傷、敏感。所以人觀園裡的人都認為林黛玉尖酸、刻薄，小家子氣。

4號的直覺非常敏銳，而且忠於自己的感受。寶玉把皇上親賜的、北靜王贈的香念珠送給林黛玉。她卻說：「什麼臭男人用過的，我不要。」皇帝、王爺，這些當年炙手可熱的人物，在她眼裡是一文不值的臭男人。

在大觀園裡只有黛玉不會勸寶玉走上仕途，也不會說這樣的話，深得寶玉的敬重。黛玉的老師賈雨村說過：「這個女子言語舉止另是一套，與凡女子是不同的。」

林黛玉希望引人注意，以表現自己的悲情和落寞。她的言語行為，皆希望成為眾人的焦點。比如，她被晴雯攔在門外，又聽見賈寶玉和薛寶釵在門內笑談，她會萬般委屈，在門外獨自灑淚。她跟賈寶玉有了言語不快，會鉸香囊，剪穗子，會大哭，會吐藥，絲毫不掩飾自己的心情。她高興得意的時候亦是神采飛揚。賈寶玉揶揄薛寶釵，她心中大快，得意地奚落一番。史湘雲取笑她，她追著要擰湘雲的嘴，湘雲滿屋子亂逃，又逃到屋外躲在寶釵身後，黛玉被寶玉攔在屋內，又笑又跳的。林黛玉愛哭愛笑，敢說敢做，毫不矯情做作，是一個真性情的女子。這也是4號的本色。

她寫的一首《秋窗風雨夕》的詩：「已覺秋窗秋不盡，那堪風雨助淒涼」、「抱得秋情不忍眠，自向秋屏移淚燭」、「連宵脈脈復颼颼，燈前似伴離人泣」、「不知風雨幾時休，已教淚灑窗紗濕」，給我們的感覺是她非常孤獨、寂寞、憂愁、悲涼。再如第七十回的《桃花行》：「淚眼觀花淚易乾，淚乾春盡花憔悴。憔悴花遮憔悴人，花飛人倦易黃昏。一聲杜宇春歸盡，寂寞簾櫳空月痕！」把桃花和人作比，展現憂憤、苦悶、消沉、寂寞、痛苦的心情。從早晨到黃昏，整日都是以淚洗面。《柳絮詞》也可以說是對《桃花詞》的注腳：「漂泊亦如人命薄，空繾綣，說風流」、「歎今生，誰舍誰收」、「嫁與東風春不管，憑爾去，忍淹留」，可以看出她內心的愁苦、自憐。

眾人初進大觀園的時候，林黛玉選的是曲徑通幽、前面幾根竹子的瀟湘館，而且把居住的房間佈置得比上等書房還漂亮。她還教鸚鵡讀詩。應該說是非常有品位的。

4號對待感情的方式是欲迎還拒，總想保持距離，但又想測試對方對自己的感情。第二十三回當寶玉用《西廂記》中的曲文向她表白愛情時，她哭了，說寶玉用淫詞豔賦「欺

負」她，要向舅舅、舅母告寶玉。第二十六回寶玉到瀟湘館又以張生自比，她登時沉下臉來哭道：「如今新興的，外頭聽了村話來，也說給我聽，看了混帳書，也來拿我取笑兒，我成了爺們解悶的。」她愛寶玉，但又不肯接受；當寶玉與寶釵走得近一點，她又非常嫉妒，4號就是喜歡這樣的若即若離。在現實生活中，4號比較喜歡異地戀，保持點距離，不要時刻黏在一起。

林黛玉的性格讓我們完完全全地看到了一個為追求愛的女子那種癡情、那種執著。她愛寶玉愛得真誠，愛得執著，至死不渝。當愛沒了，她焚稿以身相許。結局的時候，像李清照一樣，發出了悲歎：「寶玉，寶玉，你好……」沒有講完，留下了千古不消的遺憾。

這是一個悲劇的結局。什麼叫悲劇，悲劇就是把有價值的東西毀滅給人看，最終落得個香消玉殞，這就是悲情浪漫主義的4號性格。

9 真正的藝術天才

4號有著出色的感受力和創造力，他是真正的藝術天才，靠直覺、美感、創意，就能取得比別的人格特質者更高的藝術成就。

宋代詞人李清照，號易安居士，婉約派代表詞人。她是典型的4號性格，非常有品位。她鄙視庸俗，自視甚高。

在文學上，她有自己的獨立見解和鮮明主張。她旗幟鮮明地提出詞「別是一家」的主張。她批評柳永「詞語塵下」，指責晏殊、歐陽修、蘇軾「不協音律」，譏刺王安石、曾鞏的詞「不可讀」，不滿晏幾道「無鋪敘」、賀鑄「少典重」、秦觀「少故實」、黃庭堅「多疵病」。在當時的詞壇、詩壇、文壇上，這些都是赫赫有名的人物，她卻全然不顧有妄自尊大之嫌，直評其短。

4號想創造出獨一無二、與眾不同的形象及作品，所以不停地自我察覺、自我反省及自我探索。4號相信創造的所有美感都在自己身上，因此他們努力脫離平凡，以證明自己的另類、獨特。4號善於發現每一件事物內在的生命力，最喜歡用藝術和創造來表現自己的想法。

健康的4號富有創造力，非常有才情和藝術氣質，熱衷於追求美好的事物和充滿激情的生活。當被愛包圍或被愛拋棄時，他們能感受到這個世界的存在，回歸於真我。

4號的品位是如何表達的呢？我們來看看李清照是如何寫情書的。她認識了趙明誠後，寫過一首詞《一剪梅》：「花自飄零水自流，一種相思，兩處閑愁。此情無計可消除，才下眉頭，卻上心頭」。這麼有品位的情書，誰看了不會被打動呢？趙明誠出差了，她馬上又一封情書過去了：「莫道不銷魂，簾卷西風，人比黃花瘦」。快回來吧，我想你想得都瘦了，都憔悴了。用文字雕琢的滿是意境！

4號渴望得到失去的愛，遙遠的愛，未來的愛，他們認為只有這些愛才能帶來幸福。更特別的，4號是愛情至上的。在丈夫趙明誠死後，李清照再婚，這個時候，她已經50歲了。在800多年前，誰能有這樣的勇氣啊，也只有具備4號性格的李清照。譏諷謾罵鋪天蓋地而來，但4號風淡從容，一點也不驚慌，絲毫沒把別人的譏諷放在心上，照樣我行我素。還有更令人驚奇的，後來，她發現老公張汝舟欺騙自己，和自己結婚只是圖謀財物。這個愛情至上主義的女子馬上報官，要求離婚。他們在一起的時間只有百日左右，按現在的說法，叫「閃婚」。宋代《刑統》規定，妻子告丈夫即使屬實，也要坐兩年牢。李清照不管這些，寧可坐牢也要離婚，最後被親友保釋。

南渡前，李清照的許多詞作抒發了愁苦之情緒，但多是閨中寂寞之愁，以及對在外地做官的丈夫趙明誠的相思之愁。

「惟有樓前流水，應念我，終日凝眸。凝眸處，從今又添，一段新愁。」（《鳳凰臺上憶吹簫》）可見其中的相思之苦，纏綿悱惻，溫婉細膩，曲盡情至。

「寂寞深閨，柔腸一寸愁千縷。惜春春去，幾點催花雨。」（《點絳唇》）可以說，這時候她對離愁別怨的傾訴，苦澀中又夾雜著一絲思念的甜蜜。

隨著金兵南侵，京都失陷，李清照逃難南渡。後來丈夫趙明誠病故，接著又經歷一場再婚風波，歷經苦難和不幸的遭遇，李清照飽經憂患的滄桑閱歷，她的詩詞更加沉鬱蒼涼，更加艱辛悽愴，更加深沉悲憤。

南渡以後，她寫道：「風住塵香花已盡，日晚倦梳頭。物是人非事事休，欲語淚先流。聞說雙溪春尚好，也擬泛輕舟。只恐雙溪舴艋舟，載不動，許多愁。」（《武陵春》）反映的是國家的淪亡、家庭的毀滅給自己帶來的巨大痛苦。

她的作品中，有情愁、有家愁、有國愁，真的是萬古愁心。年輕未出嫁時，她寫過一些閨閣別院的詞。其中有一句：「昨夜雨疏風驟，濃睡不消殘酒。試問捲簾人，卻道海棠依舊。」這是淡淡的愁。她的丈夫趙明誠死了，她是三天三夜沒有起床，在床上哭了三天三夜。第三天傍晚的時候，外面又下起了淅淅瀝瀝的小雨。真的非常配合她的心情，所以那首《聲聲慢》非常感人悱惻：「尋尋覓覓，冷冷清清，淒淒慘慘戚戚」、「梧桐更兼細雨，到黃昏，點點滴滴，這次第，怎一個愁字了得。」這是濃郁的愁。最後悲劇的結尾是這樣的：國破家亡，夫死親散。

可是這樣一個女子，卻是一個藝術天才。那種不同於世俗大眾的獨特和美麗，使她能欣賞到獨上危樓的美景，能達到藝術上的驚人的高度，可能別人窮其一生都很難體會到。

9 4號的生活樣貌

4號有創意、有品位、喜歡獨特。上海世博會展館就是非常有創意的4號的設計風格，它創意獨特，文化內涵深厚。有人說，世博會是設計師的「奧運會」，它是各個國家比拼創造力的「舞臺」。每一個國家展館的設計師都如同奧運會的開幕式導演，去演繹創造力，去演繹各自民族文化的精髓。

比如說，中國館外觀以「東方之冠」為構思主題，整體呈鬥谷狀，高69米，蘊涵了大量中國元素，突出了中國特色，盡顯中國氣派；名為「創意之館」的英國館，外部由六萬根向各個方向伸展的會發光的「觸鬚」組成，看上去像個會發光的盒子；西班牙館由成千上萬條藤條編制而成，形似獨特的籃子；瑞士館左邊是「城市空間」，右邊是「自然空間」，要乘纜車觀景，靜動結合更能讓人感受到城鄉之間的互動；有媒體說，浪漫的法國人「在牆上種菜」。一條條苗木組成的綠帶如瀑布般從20公尺的建築頂部「飛洩而下」，小型噴泉點綴其間，很有些法式垂直園林的味道。這些「垂直菜園」裡種滿了草莓、生菜和番茄。這確實是4號的創意，非常獨特和另類。

張藝謀執導的《印象》系列也是非常有4號特色的藝術作品。比如，《印象·大紅袍》在中國國內首次採用360度旋轉觀眾席概念和多螢幕矩陣式超寬實景電影設計，其中360度旋轉觀眾席概念在全球尚屬首創，可以讓觀眾享受到多角度的視覺體驗，給我們的感覺是人沒有動，山水在行走。

在一些日常流行語中，也有一些是4號性格者喜歡說的，比如「鬱悶」、「糾結」、「彆扭」、「囧」。鬱悶是什麼？它是特別憋的感覺，特別煩心，但又感到無可奈何不知如何是好，還沒辦法發洩的內心感受，反映的正是4號內心的迷茫和苦惱；糾結，難於解開或理清的死結，反映的是4號的愁絲百結的心理狀態；彆扭的意思是在心裡自己跟自己較勁或心裡轉不過彎來，反映的也是4號的一種感受；囧，反映的是4號陷入某種境地而心理混亂，具體點說就是五臟都攪到一塊的那種感覺。從這些4號喜歡的流行語也可以看出來，4號非常注重內心感受，活在內心的情感世界裡。

一般來說，4號喜歡研究星座、心理學、神秘現象，當然不是研究其中的科學原理和思想基礎，而是研究其中的性格、心理、情感因素。喜歡科學原理和思想基礎的是5號性格。

一般來說，注重感受的4號非常喜歡去的地方是藝術中心、畫廊、藝術角。他們流連忘返，樂此不疲。

4號性格者喜歡看一些浪漫的愛情電影，比如《如果．愛》、《魂斷藍橋》、《麥迪遜之橋》、《亂世佳人》、《鐵達尼號》、《愛情來電轉接》、《愛情左右》、

《2046》等，這些表現愛情主題的影片既是4號性格者拍攝的，也是4號性格者喜歡看的。主人公悲歡離合的遭遇、一波三折的愛情令4號惆悵不已、扼腕歎息，特別有感覺。他們喜歡沉浸在影片渲染的氛圍中，久久都走不出來，有時候，還邊看邊流淚，把自己幻想成是男女主人公。

流行的電視劇中，《潛伏》中的晚秋、《媳婦的美好時代》中的余好也是4號性格。晚秋是個情感豐富的人，愛寫詩，什麼事都搞得很浪漫，很有情調。余則成初遇晚秋的臺詞就是，「你彷彿讓我想起了二十年前的林徽因」。

《媳婦的美好時代》中，余好對毛豆豆說：「你們那種相親認識的婚姻，我才看不上呢！你們知道什麼叫愛情嗎？」，「你說什麼叫愛情啊？」毛豆豆不解地問。余好回答：「愛情就是折磨。」所以，在4號的眼裡，愛情就是痛苦的溫柔，像咖啡一樣別有滋味。4號享受這種痛苦的折磨，要是沒有這種感覺，他們就懷疑愛情的真與假，也就覺得這不是自己需要的浪漫的愛情。

4號性格與國家：法國

4號性格的突出特點是浪漫，法國一直以來就是浪漫的代名詞。浪漫滲透在法國人生活各方面。在法國人的眼中，浪漫不是為了達到某種情調的刻意地追求，而是融於生活的每一時刻，每個點滴，是一種現實的生活方式。

對於法國的首都巴黎，我們常常習慣於用「浪漫」來詮釋這個時尚之都的內涵。天性浪漫的法國人向來懂得享受生活和愛情，重視生活情趣，講究生活藝術，這個善於從高品質生活中找到靈感的民族一直給世人一種生性樂觀、氣質高貴優雅的印象。在法國，無論是時尚服裝，還是具有古典氣息的羅浮宮，始終都在向我們傳達著一種獨特的魅力，甚至就連普通百姓家色彩斑斕的牆壁也一樣可以被稱為人文藝術。

奔騰的塞納河將整個城市分成兩個區域：河之北為右岸，河之南為左岸，巴黎左岸有很多咖啡館，右岸到處都是銀行。在左岸的一家咖啡館，你看到的地方，或許就是海明威坐過的椅子、薩特寫作用的燈、畢卡索構思發呆靠過的窗戶。

橫跨於塞納河上的亞歷山大大橋，橋上到處都裝飾著宮燈、有趣的小天使，有鮮明的

4號情調。最讓法國人引以為豪的是他們的人文藝術。他們不僅將這種藝術發揮在城市建設上，也發揮到了他們的工業上。法國人所做的香水、化妝品、時尚奢侈品都有濃濃的浪漫情調。

鮮花是法國人生活中不可或缺的東西。與其說它是點綴，不如說是生活的一部分。集市上，大街上，超市裡，隨處可見賣花的店面或攤位。那些花兒或是插在花筒裡，或是紮成花束，顏色之鮮豔，種類之繁多，讓人眼花繚亂，歎為觀止。

法國香水非常有名。法國是世界上最大的香水生產國，人均香水消費量也位居世界第一。他們對用香水的講究已達到無與倫比的地步。一年四季，白天和晚上，他們使用的香水都不一樣。男人、女人、年輕人、年老人，每個人都想讓自己的味道與眾不同，張揚個性。

4號在日常生活中的表現就是非常有情調的、獨特的，給我們的感覺是隨心所欲。法國人無論用什麼買什麼都講究色彩和氣氛的搭配，穿衣戴帽如此，日常生活中的一些瑣事也是如此。比如請客吃飯，講究的家庭會端上色彩雅致、做工精細的陶瓷餐具或銀制餐具：餐巾與餐桌布是成套的，刀、叉、勺、盤、碗也是搭配得完美無缺。每個家庭幾乎都

備有燭臺，蠟燭高矮不同，各色各樣，完全隨心情而用。

法國人的飲食習慣也有4號的特點。當一個典型的法國家庭在餐桌旁團團圍坐的時候，他們更多地將注意力放在愉快地享受這一餐上。

法國電影也非常有情調，比較抒情，緩慢、悠長、美麗，同時有點或淡淡或極度的憂傷。

4號認為健康的生活方式是5天工作，2天放縱，放縱的時候可以把所有的壓力、煩惱和不快都發洩出去，因為他們非常重視鬆緊有度。在法國人看來，假日神聖不可侵犯，即使工作再忙，也不能影響假日，但假日可以佔用工作時間。法國人工作時盡職盡責，一旦下班或休假，誰也甭想讓他們再幹什麼活。法國人對假日的看重源於他們對「自由」的追求，工作是「不自由」的，卻是在為「自由」準備必要的物質基礎，一旦物質基礎積累得差不多了，他們絕不會再多犧牲一點兒「自由」時間。重視心靈的自由也是4號的追求。

4號性格崇尚愛情，把愛情看得高於一切。法國男人的浪漫舉世聞名。法國人的價值觀念中，愛情和性所具有的重要性優先於愛國主義、宗教和政治信仰。有媒體對法國人的價值觀進行過民意調查，結果選擇「愛情」和「性愛」的比率均超過60％，而選擇「祖

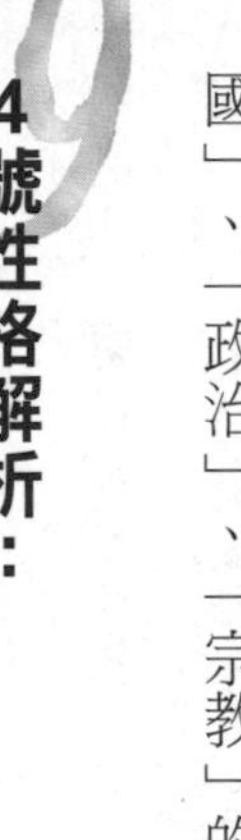

國」、「政治」、「宗教」的卻不足50%。

4號性格解析：

（1）與4號打交道的技巧

與4號溝通時，要細心聆聽他的話，尊重他的感覺，肯定他的獨特，同時提醒他不要被別人的情緒影響太多。幫助4號分清人與事的區別，不要將兩者混淆，讓4號明白評價不等於批判。要想讓4號改變主意，一定要事先考慮清楚，採取妥當的方式，否則極容易被誤解。讚美4號的品位、獨特、另類和美感。他的直覺很準確，鼓勵他們善加利用。讓4號完成一項任務，一定不要忘記設定一個時間表。另外，不要輕易捲入4號的情感旋渦中去。

（2）對4號的建議

4號應該克服自我封閉的心理，遠離空虛感和孤獨的習慣，給別人留一些釋放精彩的空間，擁抱真我。另外，還要多關注一下別人的感受，用心去愛別人，多發現別人的優點，沒有必要嫉妒。每種性格都是自身的美，關鍵在於活出自己的精彩。不要太沉緬於過於強烈的感情中不能自拔。把注意力放在眼前，活在當下。培養多樣的興趣，結交各種朋友，避免抑鬱情緒。找到一項自己熱愛的工作，是4號性格人的福氣！這樣，豐富的情感能量就能流動起來了！

（3）4號適合的工作

4號喜歡那些能發揮藝術天賦並具有原創性的工作，比如：舞蹈演員、民謠女歌手、雜誌模特。他們還可以成為畫家、設計師。4號喜歡心理學和玄學，有深邃的思想，對內在世界有濃厚興趣，從事宗教、儀式和藝術工作都會充滿激情。他們也可以成為心理諮詢師。

總的來說，設計師、創意人員、作家、哲學家、思想家、心理諮詢都是4號感興趣的職業。4號最容易取得成就的也集中在這三個領域，即哲學思想領域、藝術設計領域、心理學領域。

4號不太合適從事一般的事務性工作，比如辦公室工作。他們不喜歡和比他們更富有的人一起工作，不適合從事機械的服務工作和不具有創造性的工作。

第五型

5號

我思，故我在
——客觀冷靜的思考者

5號最根本的恐懼，是得不到幫助、缺乏能力、沒有知識；他們的基本慾望，是希望自己成為能幹、知識豐富的專家；我要是成了某個領域的專家，就OK了！

5號順境時，是個理想主義者，對世界有深刻的見解和認識。他們專注於工作，敢於革新，並且善於歸納並提出有價值的新觀念。他們能夠在重壓之下保持冷靜的頭腦和清晰的思維；但一遇到逆境，他們卻會變得憤世嫉俗，對別人抱著敵意和排斥的態度，容易孤立自己，誇大、妄想，只想不做，變成理論的巨人和行動的矮子。

9 百分之百用腦子做人

5號是用腦子工作的人。凡事喜歡動腦筋，從以往的經歷中尋找依據，而他的經歷又往往是看過的書。即使在娛樂，他們也不是完全在消遣，腦子也是在不停地轉動。可以說，他們是百分之百用腦子做人的一群。

比爾．蓋茲就是這樣一個5號。他是全球個人電腦軟體的領先供應商微軟公司的創始人，是個商業奇才。聰明的大腦總是能準確地看到IT產業的未來。

一個經典的例子，是小時候有一次全家出門，他磨磨蹭蹭地沒有下樓。他母親問他，怎麼還沒下來，他說：「我在思考問題啊，媽媽，難道你們從不思考嗎？」

比爾．蓋茲在小學裡不願與同學交往，總是想顯示自己比別人讀的書多，還常常一連發呆幾個小時，一直在思考。

比爾．蓋茲從小酷愛讀書，除了在學校的時間，他都把自己關在家中的書房裡。儘管他是個孩子，但他從不喜歡漫畫、卡通之類的兒童讀物，他喜愛讀成人作品，最喜歡讀的就是《世界大百科全書》，經常幾個小時地連續閱讀。他的父母後來說，就他們所認識的孩子而言，還沒有見過哪位少年對《世界大百科全書》有蓋茲那麼大的熱情和偏愛。

還在湖濱中學讀書時，他就喜歡舒適地坐在電腦前，一邊吃「比薩」、喝可樂，一邊徹夜不眠地編寫電腦程式。而且，三天不睡覺對他來說如同家常便飯。據說，他通常36個小時不睡覺，然後倒頭便睡上十來個小時。無論是在電腦房鑽研電腦，還是玩撲克，他都是廢寢忘食，不知疲倦，非常投入，用腦子在工作和娛樂的人。

湖濱中學在寫給哈佛大學的推薦函中說：「作為一名十年級學生，比爾．蓋茲在湖濱中學是出名的一流電腦奇才。這位天才男孩的數學運算速度比他的師長還快……在高中生涯的最後兩年，蓋茲的興趣朝多方面發展。」

在哈佛大學期間，比爾．蓋茲想過將來當一名律師或哲學家，還修習過研究生級的數學和經濟學課程，並且成績都非常優秀。最後，他還是捨棄了其他種種鍾愛的職業，選擇了令他著迷的電腦。

5號在他人疲憊不堪的時候，依然能保持清醒的頭腦。他們願意從事那些抽象而宏觀的工作，對於那些需要分析的重要的宏觀的大課題遠景規劃往往具有先見之明。

早在1975年，年僅19歲的比爾．蓋茲就曾預言：「我們意識到軟體時代到來了，並且對於晶片的長期潛能我們有足夠的洞察力，這意味著什麼？我現在不去抓住機會反而去完成我的哈佛學院，軟體工業絕對不會原地踏步等著我。」他毅然從哈佛退學，與朋友一道創業，抓住了世界IT行業發展的先機。他預言：二十一世紀，電腦和網際網路會使各地財富和權力分配更加平均。今天，熟悉網路的人已經真切地感受到了這些預見。

5號對於周圍的世界，完全靠收集的資料去分析、瞭解，對不瞭解的事，即使帶給他們的是不安全感，他們也是不會輕易發表意見的。他們的一生，都在獲取更多的知識，讓自己能對周圍發生的一切都知道、都瞭解，以便作出反應。不瞭解的話，帶給他們內心的就是害怕。比爾．蓋茲的朋友評價他：「不管比爾做什麼事，他都要做到登峰造極，不到極致，他決不心甘。不管他做什麼，他都要比別人做得更好，要達到最好。」所以，5號也想通過知識達到和3號一樣的願望——最好！

5號對那些深奧的科學，尤其是能夠解釋人類行為的理論知識特別感興趣。他們很少

去關心財富和物質享受。在他們看來，金錢的唯一好處就是能夠讓自己不受打擾，能夠購買私密生活，能夠讓自己有更多時間去學習和追求他們感興趣的知識。

儘管比爾．蓋茲很富有，但對財富的占有沒有多大的熱情。成為世界巨富的他承諾除了將個人財富的1%留下之外，其餘99%的財富將全部返還給社會。擁有財富，只是對自己追求知識和不受打擾的空間有幫助而已。他認為，只要具有足夠的智商，世界上再難的問題也能得到解決。以前，比爾．蓋茲經常一邊駕車前往公司，一邊還在看書，可見他對知識的渴求程度有多麼高。

他在比爾——梅琳達基金會真正的職責是擔任基金會的首席戰略智囊。他與大部分捐助人不同，比如說，他想根除瘧疾和愛滋病，想搞清楚免疫學中的細微差別，想弄清楚當一棵植物的基因被改變以提高其耐寒性時，植物的分子會發生什麼樣的變化。即使是捐款，他也是在用腦子奉獻。

5號害怕感覺。如果關係過於親密，他們會緊張。5號既容易被強烈的愛情所感動，又會本能地抵制這種感情。他們對頻繁的接觸感到厭煩。他們喜歡把愛情從感情層面昇華到精神層面，通過抽離的方式來慢慢享受。他們能夠通過非言語的表達來展示大量的情感，也非常關注與他人產生的大量抽象的、非言語層面的聯繫。

比爾．蓋茲在與自己的妻子梅琳達結婚之前，曾與一個大自己9歲的異性同居數年。1987年分手後，他們仍保持著親密的關係。按照比爾．蓋茲的說法，他們只是坐在一起談談物理學和電腦，所以他們更多的是精神上的親密關係。他的傳記中說，他們在一起就像兩個孩子，他們過去在一起度假時經常就某個問題爭論不休，整整一週，除了讀書和談論那個問題他們什麼也不做。5號即使談戀愛，也是在用腦子愛。

9 孤獨的思考者

5號喜歡思考，他最怕自己無知、無助、無能。他希望自己既有知識又能幹。5號對自己說，我要是成了某個領域的專家，就OK了。

所以，5號非常熱衷於追求知識，越是深刻的、抽象的東西，他越喜歡分析。

偉大的物理學家愛因斯坦就是這樣一個「思考者」。他有極強的好奇心、求知慾、研究心，並耐得住寂寞。當然，一個人孤獨久了，就顯得孤僻。所以他又是一個孤獨的

思考者。

愛因斯坦三歲還不會說話，家裡人以為他出了什麼問題，到醫院一檢查，發現什麼問題也沒有，原來只是他的思維太複雜。到了9歲，他還不能完全地表達清楚。

5歲的時候，他的父親送給他一個羅盤。他驚異地發現羅盤的指標總是指向北方，非常好奇地問父親和叔叔是什麼原因使指標移動的；在12歲的時候，他就偏好解一些很複雜的應用算術題，同時試著自己去證明一些新定理；上中學時，他時常一個人靜靜地思考一些科學，特別是物理學方面的奧秘；晚年，他回憶說：「我對生活的最大願望和期盼就是能夠安安靜靜地坐在一個角落裡幹我的事兒，而不希望人們注意我」。

上中學的時候，老師都不喜歡他，因為他不善於處理人際關係，也不願意跟人溝通，而且老師也怕他影響其他同學的學習熱情，就想把他趕出教室。

上大學時，愛因斯坦常常蹺課，他的老師曾經罵他是「懶人」。其實他不是懶，而是懷著極大的熱情在家中向理論物理學的大師們學習，不想去學他認為不值得學的東西罷了，他不追求做一個所謂的優秀學生。

他對某些科目不太熱心，對人又那麼冷漠，所以大學畢業，學校拒絕讓他留校，他只能靠擔任代課教師和給人做家教的那點微薄收入來維持生活。

1900年他從蘇黎世大學畢業，一直到1905年，5年時間他發表了6篇論文，這其中就有我們熟知的《相對論》。1921年他獲得了諾貝爾物理學獎，在物理學界取得了石破天驚、前無古人的成就，為物理學的發展撥開了雲霧。其中最重要的是建立了狹義相對論（1905），並在這基礎上推廣為廣義相對論（1916），還提出光的量子概念，發現光電效應定律。

有一次他跟他的助手一起走路，不小心踩到了一塊冰上，一個顛簸，差點摔了一跤。助手問：「愛因斯坦先生，按照您的相對論理論，剛才你沒有摔，只是地球傾斜了一下，是這樣嗎？」愛因斯坦回答：「我同意你的說法，不過結果對於我來說，都是一樣的。」

取得成就以後，他說過，「我很清楚，我本人沒有特殊的天才。好奇心，專心一致和頑強的耐心，結合自我批評的精神，這些給我帶來了我的概念」，「追求真理和知識並為之奮鬥，是人的最高品德之一」。

愛因斯坦的思維非常敏捷。他有一位好朋友，是位女士，有一次打電話給他，打完之後說：「你拿出筆把我的電話號碼記一下，挺長的。」愛因斯坦沒有動筆，他說：「你說

吧。」那位女性朋友說：「是24361」。愛因斯坦說，這有什麼難的，不就是兩打和19的平方嗎，多簡單啊。

愛因斯坦就是這樣一個思維特別敏捷，對數字特別敏感的人。當年他去普林斯頓大學教書的時候，他的助手問：「教授先生，我是您的助手，您需要什麼物品嗎？」愛因斯坦說：「給我一張桌子、一把椅子、一些紙和筆，外加一個大紙簍，就可以了。」助手不解，問為什麼要一個大紙簍。愛因斯坦說，我把我所有的錯誤都扔在裡面。5號就是這樣一個客觀冷靜的人，非常中立地看待自己。愛因斯坦是偉大的科學家，他既可以跟羅斯福總統那樣的人接觸，也可以跟小商小販在一起跳舞、唱歌。

愛因斯坦也有一些4號的特質，是5號為主兼有4號特徵的性格。

愛因斯坦在世界觀、人生觀、社會觀、宗教觀

等諸多人文方面都提出了精闢見解，同時他終生熱愛藝術。他最喜歡兩樣東西，一是煙斗，一是小提琴。他從6歲起學小提琴，幾乎每天都要拉琴，還能彈一手好鋼琴。他推崇西方古典音樂，對巴哈、莫札特和貝多芬的作品尤其酷愛。他還喜歡文學，熱愛莎士比亞、歌德、海涅、杜斯托也夫斯基和蕭伯納。13歲時，他迷上了幾何學和康德哲學。

他臨死的時候，對家人說：既不要建墳墓，也不要立碑，就像他人生的那些趣事一樣，拿支票當書簽。他根本不看重物質上的東西，而是認真專注地去做他的學問。

9 客觀冷靜的分析家

順境中的5號能幹、肯創新、敢革新，是個理想主義者，而且對這個世界有深刻的見解。典型的例子是沃倫·巴菲特。他是世界上最傑出的投資家之一，被譽為「股神」，依靠股票、外匯市場的投資成為世界上數一數二的富翁。他宣導的價值投資理論風靡世界。

他記憶力驚人，計算能力驚人，喜歡統計學，大學時學習很輕鬆，成績很出色。他從小喜歡掙錢的遊戲、思考錢的問題，還喜歡看這方面的書，後來做生意掙錢的經驗越來越

豐富，變成了相當精明的投資家。

1956年他向4個親戚、3個朋友借了10．5萬美元。到1967年時，這些錢就已經變成了900萬美元。

一個偉大的男人背後一定有一個偉大的女人，這個女人就是他的妻子，2號性格特質的蘇珊。她不但幫助他理髮，處理來往的信件、人際關係，還幫他買食物。5號除了天賦和淵博的知識以及特殊的技能外，生活技能一般都很拙劣。蘇珊曾經和巴菲特商量說：「你賺到1000萬美元就洗手吧！」巴菲特也表示同意。可他後來賺到了1000萬，還在不斷地投資，蘇珊感覺前途無望，於是離開了他。

順境中的5號會提出許多有價值的新觀念。巴菲特說：「你要想投資，就要做好你的『家庭作業』。即尋找到傑出的公司，人一生投資一筆就夠了。」這就是巴菲特的價值投資理論。巴菲特的價值投資不僅僅是說投資的東西要有價值，還要搞清楚投資方法的最高境界。他說，我投資成功不是因為我選對了什麼股票，而是因為我一次又一次地抑制了我的投資熱情。這些道出了他投資成功的秘密，蘊涵在性格當中。

巴菲特最根本的投資經驗有兩條：第一，堅持中長期投資，尤其是堅持長期投資；第二，堅持做自己熟悉的股票，也就是說，保持做熟不做生的操作方法。

巴菲特的老師格雷厄姆認為，成功的投資者往往是那些個性穩定的人，投資者最大的敵人不是股票市場，而是他自己。巴菲特也是這樣認為，即使投資者具有數學、財務、會計方面的高超能力，如果不能掌握自己的情緒，仍難以從投資行為中獲利。保持個性穩定的方法，就是採取客觀冷靜的態度。

1973年年初美國股市發生大崩盤，《華盛頓郵報》的股價因此下跌近40％。但巴菲特卻獨自將《華盛頓郵報》分析了一番，認定這是一個千載難逢的機會而趁勢買入。

5號的感情是抽離的，也是冷靜的。不容易付出自己的感情，也不知道如何表達自己的感情。從巴菲特對待愛情、婚姻問題也可以看到這一點。21歲時，他認識了一個文藝界的漂亮女朋友，但最後他們還是分手了。而他的老婆蘇珊是一個博士的女兒，因為他認為婚姻應該門當戶對。可見，5號在感情方面是何等的客觀冷靜。

5號喜歡和人保持距離，因為他不願意受到感情的牽絆，有時候甚至會近乎病態地自我孤立，離群索居，不希望個人的獨立空間被打擾，否則就會有被吞噬的感覺。5號喜歡躲在家裡評判世界，一個人安安靜靜地分析問題。這個時候，他的思維會非常活躍，而且

分析得非常深刻。有人分析說，巴菲特常常是在一個與人隔絕的環境中做出投資決策的。

1998年5月，巴菲特和比爾．蓋茲應邀去華盛頓大學演講。有學生問了他們一個有趣的問題：「你們是怎麼變得比上帝還富有呢？」巴菲特先回答說：「這個問題非常簡單，原因不在智商。為什麼聰明的人會做一些阻礙自己發揮全部功效的事情呢？原因在於他的習慣、性格和脾氣。」比爾．蓋茲非常贊同他的話：「我認為沃倫的話完全正確。」巴菲特能成為優秀的投資家，是與他5號性格中的客觀冷靜的成分密不可分。他說：「合適的性格與合適的才智相結合，才會產生理性的投資行為。」、「如果我們有堅定的長期投資期望，那麼短期的價格波動對我們來說毫無意義，除非它們能夠讓我們有機會以更便宜的價格增持股份。」

巴菲特、比爾．蓋茲都是一群非常節儉，非常理性，也非常中立的人。節儉到什麼程度呢？這樣一群富豪，他們出差旅遊，要坐巴士，要住便宜的小旅館。比爾．蓋茲公司的電腦，用了很多年，都落伍了，直到不能工作了他才換。這些偉大的5號，他們活到一定的境界，同樣能活出他們的愛心。巴菲特把自己的400多萬美元捐給了比爾．蓋茲基金會，實際上他們這麼能幹，也給我們世人帶來了很多幸福。在業界巴菲特被稱為是「全世界最正直的人」和「只是管理財富而非財富享用者」。

優秀的決策人

5號熱衷於追求知識，越深刻、越抽象的東西，他越喜歡分析。他讀過的書比較多，所以容易成為某個方面的專家。

歷史上的諸葛亮，就是這樣一個喜歡分析的人。年輕時候，他博覽群書。讀過《三國演義》的朋友都知道，諸葛亮有很多錦囊妙計，都是博覽群書得來的。他喜歡看反映儒家思想的書，《詩經》、《尚書》、《禮記》、《春秋》，他都很認真地研讀過，在他寫給蜀國後主的一些奏章和文章中，很多處引用了儒家方面的思想。他喜歡看《孫子兵法》、《孫臏兵法》等兵書，從而研發出很多自己的兵法，包括八陣圖。他喜歡道家的思想，常說：「非淡泊無以明志，非寧靜無以致遠」。

《三國志》是這樣介紹他的：「亮躬耕隴畝，好為《梁父吟》。身長八尺，每自比于管仲、樂毅，時人莫之許也。惟博陵崔州平、潁川徐庶元直與亮友善，謂為信然。」這也

可以看出5號的其他特點。5號志向遠大，渴望取得成就，受人尊敬，只是他的成功要靠掌握足夠多的知識。諸葛亮以管、樂自比，而當時的人卻並不認同，這說明他不善於推銷自己，沒有多少展露才華的機會，也不屑於展露，只是在幾個關係比較好的朋友中間得到了認可。

年輕的時候，他追隨大學者司馬徽，學會了很多觀察天下大事的方法，而且讀書觀其大略。西元207年，劉備三顧茅廬請他出山。為什麼要三顧呢？當然這裡有劉備的原因，同時也有諸葛亮的原因。就像巴菲特一樣，5號一直用理性來壓抑自己的熱情，所以要三次。中國古代學者一直認為這是因為渴求受到伯樂的賞識，可是他們不知道，這是5號冷靜的性格使然。

諸葛亮一生取得了很高的成就。他的能力很強，成就是多方面的。他有治國治軍的才能，能指揮打仗，能研究發明木牛流馬，對發明創造也非常在行。他的文學素養和藝術素養也很高。他寫的《前出師表》、《後出師表》、《隆中對》等，都是名作。尤其是《隆中對》，文采斐然，同時戰略思想也很深邃，是中國古代最成功的戰略規劃方案之一。劉備問計於諸葛亮，如何才能取得天下。諸葛亮說：以益州和荊州為核心，對外聯合孫吳，對內改革政治，西和諸戎，南撫夷越，推行清明的政治，恰當時機兵分兩路進行北伐，就能統一天下。因此足以看到5號性格的深思熟慮、精闢周密。

從《三國演義》中「諸葛亮安居平五路」的故事，也可以看到諸葛亮運籌帷幄、決勝千里之外的決策技巧。西番、南蠻、東吳、孟達和曹魏這五家，由於各自利益不同，各懷企圖。其軍事聯盟猶如一盤散沙。諸葛亮敏銳地看到這一點，便因敵有謀，採取了不同的對策，一舉成功。由此可見他的分析能力和判斷能力。

5號小心謹慎、客觀公正，228年，48歲的諸葛亮率兵北伐，失了街亭，他揮淚斬馬謖，自貶為右將軍。這時他是蜀國丞相，劉備已經托孤於他。可以說，蜀國大權都在他手裡，他還這樣客觀冷靜地對待自己，非常小心謹慎。「諸葛一生唯謹慎」，有一次他兵出祁山，就拒絕了魏延兵出子午的建議，結果錯失了大好時機。5號不喜歡冒險，諸葛亮用兵穩打穩紮，很少採取冒險的行動。

司馬懿曾這樣評價他：「真乃天下奇才也！」、「亮志大而不見機，多謀而少決，好兵而無權，雖提卒十萬，已墮吾畫中，破之必矣。」從中可以看到5號性格的優點與弱點。優點就是有「才氣」，懂得比較多，知識豐富，善於策劃，出主意，不足的地方就是不見機，不能決斷，不知道什麼時候是好時機，什麼主意最佳。所以我們看到儘管早在劉備三顧茅廬的時候，他就提出了待天下有變，兩路北伐的思路。當後來關羽奪得樊城、威脅許昌時，我們看不到他對此舉有什麼表示；他先後6次舉兵北伐，時機選擇上，向來也受後人的爭議。這說明5號是優秀的規劃者，卻不是一個好的執行者。

9 5號的生活樣貌

5號喜歡以數字說話，力求精確。像低碳經濟、低碳生活，都是5號非常感興趣的話題。他們認為由於目前的二氧化碳的排放量過大，對大氣污染很嚴重，為了減緩生態惡化，應該減少碳排放。其途徑主要是從節電、節氣和回收三個環節來著手。他們非常講究資料，比如，5號估算，超市電耗70%用於冰櫃，而開放式冷凍櫃電耗比玻璃門冰櫃高出20%。在中國，年人均二氧化碳排放量為2.7噸，但一個上班族即便只有40坪居住面積，開1.6L車上下班，一年乘飛機12次，碳排放量也會在2611公斤。少搭乘1次電梯，就減少0.218公斤的碳排放量；少開冷氣1小時，就減少0.621公斤的碳排放量；少吹電扇1小時，就減少0．045公斤的碳排放量；少看電視1小時，就減少0．096千克的碳排放量……所以類似環保，而且和我們人類生命息息相關的命題，都是5號非常關心的。

5號性格的突出特點是理智，喜歡分析和研究，講究邏輯，有思想深度，不容易動感情。

5號能夠根據資料和一些跡象來預測房地產市場；也能預測出高科技產品的未來走向，他們是「理論專家」，善於發現、發明和創造。

5號最喜歡去的地方是學校、圖書館和各種角落，在這些地方沒有人際衝突，都可以安靜地思考，可以一門心思地做學問。比如說被稱為二十世紀最偉大的管理大師的彼得．杜拉克，他的所有的偉大的著作，都是在自己的書房裡寫成的。他有一本書，就叫《旁觀者》，這就是5號對生活態度的表達，他們希望與生活保持距離，保持中立和客觀，害怕人與人之間的親密，人與生活的緊密聯繫。國學大師季羨林造詣深厚，肯於坐冷板凳，也能坐冷板凳。所以像圖書館、研究室、校園、書房裡，就集中了5號性格者。

《水滸傳》中梁山泊的軍師吳用是5號性格，他是一個參謀的角色，無論是開始時的

智取生辰綱，還是後來梁山發動的大小戰事，都是他出謀劃策的多。他就是一個鄉村教師出生，別人叫他「吳學究」；電視劇《手機》中的費墨也是5號性格，他在一所藝術大學任教授，同時又為一家媒體公司擔任談話節目《有一說一》的總策劃。他策劃的節目，都是比較有深度的，而且充滿了思考，有深刻的思想內涵，所以顯得曲高和寡，收視率並不高。最後在公司裡受到挫折，他也不善於調節矛盾，乾脆一走了之，回到了他一直想回去的大學校園，專心地做自己的學問去。

5號有深刻的思想，有嚴密的思考體系。大凡是5號性格的企業家，都有自己深刻、獨特的理論支撐。像比爾·蓋茲、巴菲特，都是如此。比爾·蓋茲說，如果把微軟的所有財產全部拿走，只要給我留下20個人，我能重造一個一流的公司——無論是什麼行業，哪怕是生產拖拉機；巴菲特也是這樣。而香港的李嘉誠、大陸聯想集團的柳傳志，他們的成功，都是建立在對目前的形勢分析，對行業發展趨勢的前瞻等深刻認識基礎之上的。

5號性格與國家：以色列

以色列是以猶太人為主體建立的國家，猶太民族是世界上非常有智慧的民族，他們追求知識、追求智慧，有鮮明的5號性格特色。以色列被視為中東地區經濟發展較快的國家。

猶太教的主要經典不僅是猶太教的精神寶典，而且是基督教聖經的重要組成部分，對西方文化有重要影響。

以色列人的智慧體現在他們的經濟成就上。以色列的自然資源很貧乏，但他們創造了一個人類歷史上的奇跡，建國60多年來，靠移民集中了700萬人口；在乾旱缺水的沙漠當中，發展出領先世界的農業技術；在槍林彈雨當中建立了現代化城市特拉維夫。

以色列人的智慧體現在他們對教育的重視上。以色列人重視教育和人才的培養。5號的一個習慣就是喜歡讀書、喜歡分析和研究。

以色列人愛讀書、愛學習，有文化，因此做細活的人特別多。以色列的鑽石加工業最為突出，小塊拋光寶石產量占世界總產量的80％。

高端技術在以色列發展的速度是驚人的。以色列擁有大量頂尖的技術人才，其技術人員在人口中的比例居世界第一。聯合國有個資料，「每萬名勞動人口中從事研究開發者」，美國為90人、日本81人、法國62人、英國40人，而以色列竟高達160人；以色列的高科技人才和高學歷者（碩士以上）占總人口的15%以上；全世界所有諾貝爾獎得主中，約20%是猶太血統。

以色列人從幼稚園開始接觸電腦，小學生就用電腦做作業，初中時開始學習程式設計。如今，這種出色的普及教育已經使以色列在資訊通信和軟體領域顯示出了無與倫比的競爭力。

以色列人甚至把軍隊當成了學校。以色列人服兵役不一定非得到戰鬥部隊，數學才能優異的青年被集中到電腦情報部門，參加高級系統開發。

有一句話說，「世界的錢，裝在美國人的口袋裡；而美國人的錢，卻裝在猶太人的口袋裡。」猶太民族給世界創造了永恆的智慧。例如愛因斯坦、佛洛伊德，這兩位思想家對二十世紀的世界文明有著巨大的影響：愛因斯坦是自然科學領域的革命者，佛洛伊德是心理學領域的革命者。

在猶太人的觀念中，知識才是財富的象徵。他們認為「學校在，猶太民族就在」，「教育投資是最有遠見的投資」，他們大力提倡「愛學習的人是偉大的」價值觀念。猶太民族追求知識、重視教育，恰好是5號性格的體現。

5號性格解析：

（1）與5號打交道的技巧

不要打擾5號的個人空間，注意保護他的隱私，拜訪他之前務必要預約。在和他溝通時，當他沉默不語，這不一定是拒絕的表示；但有時候沉默又是拒絕的表示，所以要仔細品味。尋求5號的幫助，要用邀請、請求的語氣，不可給他指使、命令的感覺。當5號在工作時，儘量少打擾。如果想讓5號做一件事情，想辦法引起他的好奇心就可以了。不要讓5號馬上作出承諾，一定要給他留出時間和空間。5號不太善於處理人際衝突，可以幫助他緩和此類情況。

讚美5號的時候，可以讚賞他的學識及分析能力。向5號提供幫助，協助其成為業內專家。提醒5號對人熱情一點，不要太冷漠，不要太封閉，應主動走進人群。讓5號完成一項任務，一定要說清楚完成期限。

說服5號要靠準備充分的資料和深入理性的分析，同時給他留下足夠的思考時間。

（2）對5號的建議

5號應該多與別人溝通，分享自己的想法和思想，要積極主動地走進人群。不要過於自負，要學會謙虛。不要自以為高人一等。要忠於自己的感受，不要太抽離，不要讓情感被理性分析所取代，不要讓精神構建替代了真實體驗。另外，還要學會接受突發情況，學會冒險，處於困境時，不要不求助。5號還應該給自己增加點物質生活的享受，學會從自己的研究工作中受益，不妨把研究成果轉化為物質利益。不要浪費自己的才華，積極地行動起來，培養動手的能力。

（3）5號適合的工作

5號喜歡研究，擅長邏輯推理，精於總結歸納，分析透澈，而且他們的研究領域往往是晦澀難懂，但卻非常重要的，因此他們會成為某個領域的專家、學者，或者是心理學家、導師等。電腦程式設計也是他們擅長的。

總的來說，策劃、整合、管理、寫作、研究工作比較適合5號。像那些需要公開競爭或者需要身體直接接觸的競爭性工作，5號是不喜歡的，比如銷售工作、體育比賽、在公眾面前發表演說和討論的工作等。

第六型

6號

小心駛得萬年船
——謹小慎微的優秀執行者

6號最根本的恐懼，是得不到支援和引導，認為單憑一己之力無法成事；他們的基本慾望，是尋找依靠、希望獲得安全感；他們對自己的要求是：如果我能達到他人對我的期望，就OK了。

6號用懷疑的目光看待一切，喜歡質疑，也因為懷疑而害怕。在採取行動時總會猶豫不決，老是害怕會遭到反對與攻擊。他們對失敗非常敏感。6號常常有兩種表現形式：恐懼型和反恐懼型，這是懷疑的態度導致的兩種極端。

在情感上，**6號**害怕被拋棄，怕得不到支持，對別人太過依賴。他們為了履行自己對他人的責任和義務，願意做出大量的自我犧牲，非常重視承諾，值得信賴。

6號的心理底限是怕得不到支援和引導，害怕單憑一己之力無法生存，沒有安全感。他們內心的聲音是：如果我能夠達到他人對我的期望，就OK了。所以6號永遠是對周圍的人，尤其是對權威充滿了猜疑，怕被拋棄，怕別人不支持他。對未來，總是充滿了憂慮，患得患失。做事的時候，顯得優柔寡斷，過於謹慎。6號活在未來，為明天而恐懼，為未來而擔憂。6號的一生都在尋找安全感。

在9個號碼中，6號比較特殊，它分為正6和反6。正6，也叫惶恐6，對一切充滿了恐懼，怕沒人支持，怕沒有安全感，沒錢時怕窮，有錢時又怕別人知道對他下手；反6則怕什麼就故意裝出不怕什麼，會用面具把自己包裝起來，顯得自己很強大，有時候反而容易給人外強中乾的感覺。

正6和反6在人前人後的表現是不一樣的。如果在家裡是正6，那麼在人前，則是反6。反之，亦然。

《三國演義》中劉備是正6的代表。他經常表現得很軟弱，對未來充滿了恐懼和擔

心，缺乏安全感，而且是一個很喜歡哭的人。

第十一回中，北海太守孔融被黃巾軍圍困，派出太史慈突破重圍，往平原來向劉備求救。劉備看完孔融寫的求救信後，說了一句話，非常有意思。他說：「孔北海知世間有劉備耶？」細細揣摩這句話，可以看出，劉備不怎麼自信，且平時充滿了壓抑、不得志的心理。

青梅煮酒時，當曹操說到「今天下英雄，惟使君與操耳」時，劉備害怕得連筷子都掉了下來。由此也可見這個人平時為人處世是如何戰戰兢兢、如履薄冰的。

劉備總是謹慎謙虛，小心翼翼。有一次他在荊州劉表處做客時，不自覺間流下了眼淚。劉表問他怎麼了，他發出感歎：「備往常身不離鞍，髀肉皆散；今久不騎，髀裡肉生。日月蹉跎，老將至矣，而功業不建，是以悲耳。」後來，又乘著酒興，失

口說：「備若有基本，天下碌碌之輩，誠不足憂慮也。」這不但不把劉表放在眼裡，而且還流露出奪取荊州的企圖。這自然引起了劉表的不快，也差點為劉備自己帶來了殺身之禍。宴會結束，在回家的路上，劉備馬上意識到自己說了不該說的話，也非常後悔。所以，可以看出，劉備平時是怎樣的一個謹言慎行的人。

6號做事總是遲疑不決，下不了決心，不能決斷。劉備到荊州七八年了，一直下不了決心奪荊州，後來是在諸葛亮的勸告下，又因為形勢的變化，才促成他佔領荊州。到了益州也是如此，因為顧及到劉璋是本家，儘管手下的將領和謀士，包括諸葛亮一再勸他奪取益州，他也是猶豫不決，一直在道義與利益之間徘徊。後來因為與劉璋發生了嫌隙，才一鼓作氣拿下了益州。

6號的內心永遠是焦慮的，總問怎麼辦。

《三國演義》中曹操唯一重視的英雄就是劉備，「今天下英雄，惟使君與操耳」。劉備自己曾說過：勿以惡小而為之，勿以善小而不為。他是非常忠誠的，兢兢業業的。每當遇到困難的時候，他就會流出眼淚，也證明了他內心的惶恐。當然，眼淚也是武器，是解決問題的武器。《三國演義》中，他有四次給人留下深刻印象的大哭。

第一次是桃園三結義，他哭了一場，是因為他得到了兩個兄弟。用今天的話說，他得到了兩個有實力的合夥人跟他一起創業，成功的機率就比較大，而且這兩個夥伴對共同事業非常忠誠，所以他如獲至寶。6號珍惜人與人之間的感情，關羽和張飛都是勇將，武藝高強，能給他安全感。這第一次大哭，是激動的哭。

第二次是張飛丟掉徐州的那次。張飛大意，喝了酒，鞭打了部將曹豹，被呂布襲占了徐州。這一次劉備不但哭了，而且還說了一句話：「兄弟如手足，妻子如衣服。」從這句話中可以看出，劉備在外面是軟弱的，在家裡還是很強勢的。徐州丟了，沒辦法了，連立足的地盤都沒有了。他又怕張飛自責，所以又一次以眼淚來安慰張飛的心。剛開始創業，就虧本了，又不能埋怨張飛這個魯莽的傢伙。

第三次是關羽斬了顏良、文醜，袁紹遷怒於劉備，要殺他，在命運繫於千鈞一髮之際，他又一次用哭解決了問題。他的解釋是：「明公只聽一面之詞，而絕向日之情耶？備自徐州失散，二弟雲長未知存否；天下同貌者不少，豈赤面長鬚之人，即為關某也？明公何不察之？」後來，軍士回報確認那個人就是關羽。劉備又一次解釋：「容伸一言而死：曹操素忌備，今知備在明公處，恐備助公，故特使雲長誅殺二將。公知必怒。此借之手以殺劉備也。願明公思之。」袁紹是一個沒主意的人，這一次劉備又取得了勝利。

最後一次是白帝城托孤，把兒子和江山都交給諸葛亮。本來就沒有安全感的6號，只能以哭來詮釋內心的萬千無奈與矛盾！

同時，哭也反映了6號沒有膽量，沒有安全感，沒有決斷力，也因此容易妥協。

9 忠實的執行人

6號喜歡的工作環境是秩序井然的，有規則和操作標準，允許自由發展。同時，6號對破壞秩序的事，是非常反感的，自己若無意間犯了錯，壞了規矩，也是非常內疚的。他認為自己犯了錯，別人就不支持他了，因此誠惶誠恐。

《西遊記》裡的沙和尚就是這樣一個6號性格者。沙和尚本名沙僧，法名悟淨，人稱沙和尚，他原本是天宮玉皇大帝的捲簾大將。豬八戒第一次與他打鬥時，他自我介紹說：「南天門裡我為尊，靈霄殿前吾稱上。腰間懸掛虎頭牌，手中執定降妖杖。頭頂金盔晃日光，身披鎧甲明霞亮。往來護駕我當先，出入隨朝予在上。」可以看出，在天庭的時候，

沙和尚是一個忠心耿耿的侍衛形象。不幸打破琉璃盞，觸犯天條，被貶出天界，在人間流沙河興風作浪。後來聽從了菩薩的點化，在此等候一個取經人，讓他保護取經之人。自此，沙和尚一直等待唐僧的到來。他在天庭犯的錯，與孫悟空和豬八戒都不同，可以說是因為疏忽的錯誤，明顯地看出他是希望維護現存秩序的。不像孫悟空為了名利而造反，也不像豬八戒為了刺激而調戲嫦娥。

6號是忠誠的執行者，是秩序的維護者，非常有責任感，他會在他職責範圍內，兢兢業業地完成工作。

經觀音菩薩點化，沙和尚拜唐僧為師，保護唐僧西天取經。他忠心耿耿，對取經忠心不二，不達目的不甘休，既不像孫悟空那麼叛逆，也不像豬八戒那樣好吃懶做、貪戀女色。他自從放棄妖怪的身份起，就一心跟著唐僧，正直無私，任勞任怨，謹守佛門戒律，取得真經後被封為金身羅漢。在唐僧的三個徒弟中，孫悟空提出過散夥，而且他也確實跑回過花果山；豬八戒也提出過分行李拆夥；只有沙和尚從來沒有半途而廢。

取經路上，沙僧的主要工作是挑擔，是體力活，看似可有可無，總是那樣默默無聞做著自己該做的事，一絲不苟，認認真真。但他的工作卻是不可或缺的。可是有時他自己的想法和主意又太少了，只懂得聽從。這些都是忠實的執行者給我們的印象。

每當孫悟空遭遇不測，豬八戒想放棄，沙和尚總是在勸，使取經任務更為順利；孫悟空被師父趕走，師父又被妖精抓走，豬八戒想回高老莊，沙和尚從中勸豬八戒；孫悟空被妖魔吞了下去，師父也被抓走了，豬八戒又一次想回高老莊，沙僧說：「師兄，猴哥肯定沒死，我們要去救師父和師兄呀！」；真假美猴王的故事中，沙和尚駕雲行了一晝夜，趕來南海見觀音，求觀音辨認；當孫悟空、豬八戒出去殺敵時，他留在師父身邊，保護著師父。可以說，沙和尚是一個優秀的執行者，非常忠誠，非常勤勞。一路上，默默挑著行李，卻從不喊累。

團隊中，因為有了6號，往往更凝聚，更有責任感。他會協調團隊成員朝共同的目標努力，避免分歧的產生。

《西遊記》第七十二回，寫到唐僧看到春光明媚、小橋流水炊煙嫋嫋的情景後，突發親自化齋的想法。唐僧道：「平日間一望無邊無際，你們沒遠沒近的去化齋，今日人家逼近，可以叫應，也讓我去化一個來。」孫悟空說：「你要吃齋，我自去化。俗語云：『一日為師，終身為父。』豈有為弟子者高坐，教師父去化齋之理？」豬八戒也不贊成，說：

「古書云：『有事弟子服其勞。』等我老豬去。」唯沙和尚在旁笑道：「師兄，不必多講。師父的心情如此，不必違拗。若惱了他，就化將齋來，他也不吃。」雖然是化齋這樣的小事，卻足以看見沙和尚對權威的認可與服從。

《鎮海寺心猿知怪》一章中，孫悟空中了妖精的分身計，回來不見了唐僧，竟將一腔怒火發到豬八戒與沙和尚身上。不論好歹，撈起棍來一頓打，悟空且打且道：「打死你們！打死你們！」沙僧近前跪下道：「兄長，我知道了。想你要打殺我兩個，也不去救師父，逕自回家去哩。」悟空道：「我打殺你兩個，我自去救他！」沙僧笑道：「兄長說那裡話！無我兩個，真是『單絲不線，孤掌難鳴』。兄啊，這行囊、馬匹，誰與看顧？寧學管鮑分金，休仿孫龐鬥智。自古道：『打虎還得親兄弟，上陣須教父子兵。』望兄長且饒打。待天明和你同心戮力，尋師去也。」一席話說得有理有據，讓孫悟空聽著也舒服，維護了團隊的團結。

所以作為下屬，沙和尚是吃苦耐勞、勤勤懇懇的執行者。看起來，有點死腦筋，缺心眼，讓幹啥就幹啥，既不會講條件，又不會邀功勞。最後佛祖論功行賞時，他也不如八戒有心計，得了個金身羅漢也無怨無悔。就是取經途中，每次臨陣脫逃，他也不如八戒溜得快，總是被妖魔先捉了去。沙和尚表裡如一，言行一致，是忠於職守的楷模。

與權威的糾葛

6號領導人打天下的方式就是找到得力助手，靠團隊成員發揮合作，靠權威的支援取得成功。6號認為自己跟權威有扯不清楚的關係。他需要權威，但又努力證明自己。

美國前總統小布希就是靠團隊成功的6號性格。2000年大選的時候，他是以微弱的優勢當選的，並沒有絕對的權威。他的成功，就在於找到了一流的合作團隊。小布希許多重大決策都是在這個團隊支援下做出的。

當小布希還是美國德州州長時，有一次他回答記者就他缺少解決國際問題經驗這一弱點時說，大家不要擔心，因為我周圍有堅強的資源支持。「我也許說不出東帝汶的準確位置，但我可以請教那些有經驗的人，比如康迪·萊斯、保羅·沃爾福威茨或迪克·錢尼。我很聰明，足以知道哪些是自己所不知道的。我有良好的判斷力，知道誰能告訴我事實真相，誰提出的計畫是錯誤的。」小布希的母親說：「他周圍總是有一些聰明能幹的女性，

有些是有工作關係的，有些是有血緣關係的。」他的團隊成員都和他或其家族成員保持了多年的合作，關係非常親密。小布希對他們的能力都非常瞭解。在小布希當選美國總統後，萊斯擔任了他的國家安全顧問，後來又當了國務卿。

有美國媒體曾經分析說，小布希之所以特別喜愛任用「女將」，包括女國務卿萊斯和副國務卿卡倫·休斯，只因為小布希相信，這些「女強人」會盡一切力量來保護他。小布希之所以需要來自女性的保護，只因為他小時候受到了嚴厲的管制，他母親芭芭拉在家中對兒女要求十分嚴格。

2008年北京奧運會期間，小布希是美國奧運軍團的啦啦隊隊長。我們可以看到他從容不迫，一會吶喊、歡呼，一會還能露出搞怪表情。除了參加開幕式，他還好幾次看望美國運動員，參加運動員訓練活動，觀看美國運動員的奧運比賽，盡顯對人的關懷與合作精神，在團隊裡非常活躍，懂得關

他真的很聰明，而且很自律，我對此十分欽佩。他強硬、冷靜、穩健，而且非常幽默。

心人，照顧人。

6號非常忠誠，和他認識的朋友能保持長期的、緊密的聯繫。小布希以推崇忠誠聞名，曾簽署了《不讓一個孩子落後法案》。萊斯曾評價他說：「他真的很聰明——而且很自律，我對此十分欽佩。他強硬、冷靜、穩健，而且非常幽默。」他有一句話：「你們要不和我們站在一起，就是和我們的敵人站在一起。」這也說明了他對朋友和敵人分得非常清楚，但不是從「我」，而是從「我們」的出發點去看的。

6號善於執行，一旦方向確定，他會很快投入執行，行事果斷，決不更改。包括萊斯等人在內的他的助手們曾說，小布希做任何事情都「追求速度與效率」，甚至包括吃飯在內。這是因為那些政策一旦確定，6號的行動力還是很強的。「9·11」事件的發生，也為他的性格提供了用武之地。因為美國本土被襲擊，民眾的呼聲很高，需要大家團結起來，對付共同的敵人，所以非常符合他的講究團隊協作的性格。

據說，小布希在作出發動伊拉克戰爭的最後決定前，只和兩個人進行了最後的商量。她們分別是萊斯與休斯，兩人全都贊成小布希的開戰決定。

逆境中的6號非常壓抑，焦慮不安，缺乏安全感，甚至有喜歡被虐的傾向。40歲以前的小布希，還沒有什麼成就，在學業和工作上都毫無建樹。他一度酗酒，情緒非常低落。一直到他40歲生日那天，小布希忽然開悟，下定決心戒酒，才跟酒瓶告別。

6號一直在尋找安全感，對團隊也非常忠誠，他喜歡與團隊成員一道做事。6號習慣依靠團隊成員，依靠權威的支援，善於與團隊成員協作。他的成功，就是典型的團隊力量的結果。他總是與權威糾葛著。

9 友誼重於一切

當有朋友或有團隊支援6號時，6號就變得很有自信，既信賴別人，也信賴自己。6號的特點是疑心重，容易質疑。順境中的6號能夠放下這些，容易與他人建立親密的關係。一旦與對方有了深入的往來，6號還會對對方永遠忠誠，並且非常信守承諾，為朋友不惜兩肋插刀。

《水滸傳》中的武松就是這樣一個講義氣的6號。小說中說，武松自從在柴進的莊上結識宋江以後，雙方結拜為兄弟，自那以後，他就一直追隨宋江，可以為宋江出生入死，肝膽相照。

6號對朋友特別好，是逆境中忠誠的朋友，會關心人，會體貼人，也會保護周圍的人。所以武松在《水滸傳》中有數次英雄舉動，都是替朋友打抱不平的。最經典的，自然是殺嫂報仇的舉動。武松做了陽谷縣的步兵都頭後，又找到失散多年的哥哥。他是哥哥帶大的，兄弟倆感情很深。儘管嫂子潘金蓮一再勾引他，他都置之不理，最後還以搬出的方式抗議。出差在外，他還不忘對哥哥說，我不在家的日子裡，你要每天早點回來，遇到有人欺負你，你也先忍著，等我回來收拾他；又警告他嫂子，「嫁雞隨雞，嫁狗隨狗」，對他哥哥好一點，不要做違背倫常的事。

潘金蓮勾引武松失敗，與西門慶勾搭在一起，並借武松外出辦差的機會毒害死了武大郎。武松回家知道噩耗後，開始四處搜集證據，希望能以正常的法律途徑為哥哥討回公道。可見，起初武松沒有想過要通過暴力解決問題。因為西門慶收買了知縣，使武松狀告無門，他才找潘金蓮和西門慶報仇的。過程中，反映了6號的武松內心的矛盾和掙扎！

有意思的是，武松為兄報仇犯法後，並沒有逃走，而是把自己交給了知縣，任他處置，自然這裡也有報知縣對他的知遇之恩的成分在裡面。同時，也有6號的自律和妥協。

在孟州，他碰到了施恩，在得到了施恩的好處之後，武松「醉打蔣門神」，替朋友出頭，為朋友報仇。這裡沒有是非，只有恩義。在6號眼裡，朋友託付的事就要完成，哪怕是不光彩的，甚至是錯誤的事情。6號可以為了朋友兩肋插刀。

與魯智深相比，他就猶豫得多，沒有魯智深那種果斷與魄力，所以同為英雄好漢，魯智深是8號性格，武松是反6性格。

在「醉打蔣門神」之後，武松得到了張都監的重用，重義氣的武松自然對張都監感恩戴德，總想著報答張都監。而張都監只是一步一步設圈套引武松上鉤，武松上當了，被以盜竊罪處置，張都監還派出心腹妄圖在飛雲浦除掉武松。武松狂怒了，他在殺掉了這些公差之後，直奔張都監所在，大開殺戒。這是因為逆境中的6號，怒氣衝天中的6號是妄想狂。這個時候他已經對周圍的人都懷有敵意了，認為所有人都在出賣他、欺騙他、對他沒安好心，把受迫害的程度誇大了，不再信任別人，加重了多疑性格，無法做到冷靜和客觀。

武松是反6，反6雖然內心也很恐懼，但刻意挺起胸膛，瞪著眼睛看人，似乎向別人傳達某種資訊：不要惹我，否則我會給你點顏色瞧瞧。在《水滸傳》的第二十二回，武松出場時是處於逆境中的，因此非常敏感，對人與人之間的關係，是惶恐的，沒有安全感，極度焦慮。小說是這樣寫的：「說話的，柴進因何不喜武松？原來武松初來投奔柴進時，也一般接納管待；次後在莊上，但喫醉了酒，性氣剛，莊客有些管顧不到處，他便要下拳打他們；因此，滿莊裡莊客沒一個道他好。眾人只是嫌他，都去柴進面前，告訴他許多不是處。柴進雖然不趕他，只是相待得他慢了。」

按現在流行說法，武松是一位失業青年，在工作中闖了禍，遊手好閒，心情極度鬱悶。他從小在街頭和別人鬥毆打架，這次為了避難，在柴進的莊上待了一年，無路可走。雖然柴進對他有冷落之嫌，但他也不離開。這表現了6號的依賴和缺乏安全感。即使處於逆境，別人冷落了他，他還把柴進當朋友，不會輕易離柴進而去。6號與一般人的關係很難建立，一旦建立則可以持續很久。

6號的生活樣貌

6號的內心渴望得到安全感，當處於逆境時，就充滿了焦慮感。像「剩女」話題，就是6號頭疼的問題。也正是如此，各地的相親活動總能引起不小的轟動，參加的人特別多，尤其是熟齡未婚女性。媒體顯示，在中國，像深圳、廣州、上海、北京這樣的大城市，每次舉辦的大型相親活動，男女比例嚴重失調，有的地方甚至能達到1：10。這其中反映了6號的焦慮心理。

在高房價的背景下，大家的生活壓力都很大，許多人買不起房，還貸的壓力非常大，很多人的生活狀態並不好。時下，很多年輕人，尤其是身處大城市的「80後」、「90後」，在工作、事業、愛情、婚姻、家庭都無著落的情況下，他們對自己的未來擔心、焦慮、不安。這種心理狀態，就是典型的6號心理。

2010年前後，大家都在討論「逃離」城市，就是因為這樣經濟發達的大城市儘管提供了就業等諸多方面的好處，但他們經過多年的努力，發現負面的問題也不少，競爭非常激烈，生活缺乏保障，得不到足夠的安全感，所以他們就轉而去二線、三線城市尋找機會。那些常常在這些問題上煩心的人，十有八九就是6號性格。

而隨著不景氣，許多6號性格的年輕家長就開始為自己的孩子操心了，為了提高他們的競爭力，為了讓他們將來有出息，從現在就開始培養孩子的多方面技能，學這個學那個，生怕自己的孩子不優秀。

在工作上，6號也是未雨綢繆，提前為明天的變化做好準備。即使今天他們還在拿著高薪水，但他們總擔心這種狀況不能持續，生怕明天就跟不上經濟形勢的變化，怕公司倒閉、怕企業裁員，怕被更年輕的同事給比下去，所以工作再忙再累，他們也不忘學習。他們把這具象化地叫做充電。學習充電，就是為明天做準備。

許多6號不堪生活工作的壓力大，在長期焦慮的心情下，如果負面的情緒得不到及時地緩解，極容易造成心理問題。長期生活在這種消極情緒中，尤其是大量這樣的個人聚在一起，得不到正常的疏導，容易引發災難。媒體上一度熱烈討論富士康員工跳樓事件就是一個明顯的證明。

6號對工作焦慮，對明天焦慮，缺乏安全感。即使是對衣食住行等方面的問題，也是充滿了質疑：問題這麼多，我究竟應該怎麼辦？比如說，媒體報導了，某個大型製藥企業有一批劣質藥流入市場，他們就開始擔心，那些同類型的藥物是不是也有問題呢？某個汽車公司生產的某種型號的汽車出現了問題，那麼這家汽車公司推出的其他類型的汽車是安全可靠的嗎？在這種擔心的心理作用下，6號就很有可能去選擇另一家汽車公司、另一個品牌的汽車了。有媒體報導食品安全出了問題，他們就從此不敢再去飯店吃飯了，能在家裡自己做，就儘量不去外面吃。

6號最願意最有可能去做的工作是像軍人和員警，很多都是6號性格。他們忠誠於國家，忠誠於集體，保家衛國。在他們眼裡，國家和集體能給他們帶來安全感。為了保持這種安全感，他們願意付出小我，甚至以生命來捍衛現有的秩序。

流行的電視劇中，《潛伏》裡的余則成、《亮劍》中的趙剛都是6號性格。

余則成長期生活在那種高壓的工作環境中，隨時都有生命的危險，所以這使他養成了質疑、小心謹慎的性格特點。他行事低調、謹慎，唯一的目的只是「潛伏下來，生存下去」。他每天回家首先要檢查門口事先撒好的爐灰，看是否有人入門的腳印；他會當機立斷開槍除掉絆腳石，也會一遍遍讀著前女友的日記懷念她；他會在等待消息時緊張地撕爛報紙，也會在從電臺裡聽到國民黨「佔領」延安的消息後渾身癱軟，慌亂中跑到聯絡站詢問情況。正是這些看似矛盾的性格構成了6號的心理特徵，多疑，看似神經質，保持高度緊張狀態。而他所做的這一切，都是為了忠誠於他的事業和組織。

趙剛是獨立團的政委，是李雲龍的助手。他謹慎有餘，魄力不足。住院的時候，用他自己的話說，要是由他當團長，這樣的軍隊會是遵守紀律模範軍隊。雖然他也能打仗，但遇到像山本的特種部隊突然來襲的情況，就無法做到像李雲龍那樣靈活機動，快速反擊，更無法在第一時間把敵人消滅掉。但這樣的性格也有好處。在革命成功以後，他憑著自己的敏感，敏銳地覺察出了隊伍中消極思想的苗頭，表現出6號的居安思危。

9 6號性格與國家：日本

日本人的團隊合作精神特別強，具有鮮明的6號特色。有人說：「一個日本人是一條蟲，但十個日本人就是一條龍。」這話也許誇大其詞，但起碼說明日本人的團隊合作精神比較強。

6號性格對自己所屬的集體有依賴感，忠誠度非常高。日本的企業員工，一律穿著整潔的制服，佩戴公司的徽記，自我介紹時把公司放在名前，對公司的認同、自豪感溢於言表，有非常強的集體歸屬感。日本企業裡有一種年工序列制，年紀大的員工，比年輕的員工在薪酬、待遇、受人尊敬度等方面都要高。這也是6號性格的體現。

6號對他們認為是權威的人非常忠誠。在許多日本人的觀念中，天皇就是秩序和權威的象徵，所以他們對天皇非常忠誠。二戰結束的時候，雖然盟軍最高指揮官麥克阿瑟一度想廢去日本天皇，但遭到了日本國民的強烈抵制，使其最後得以保留。

6號害怕秩序失控給自己帶來的不安全感，他畢生都在尋找安全感。明治維新後，日本認為自己在亞洲是第一號強國，所以，它傲視其他亞洲國家。日本崇拜強者，追隨權威，這是典型的反6的表現。

6號的一生都和權威有扯不斷的聯繫。他希望能得到權威的支持，但又怕被權威所控制。二戰中，隨著同盟國逐漸取得勝利，以及美國人在日本本土投放了兩顆原子彈，日本很快投降，從此也意識到美國人是強者，對美國俯首稱臣、頂禮膜拜，並且需要權威的支援，向權威學習，與權威保持一致；同時，日本總認為自己是亞洲的老大，不甘心被權威所控制，所以又想擺脫對權威的依賴。在沖繩發生的一系列抗議美國駐軍事件，都可以看成是6號對權威的反抗。6號需要權威，又反權威，就是這樣一個矛盾的性格。

從日本人居家擺設上看出來，日本人早上起床所做的第一件事就是把棉被統統疊好，擺在櫃子裡面。愛乾淨的日本人認為，棉被放在外面是一種散漫的表現，也與環境不和諧。所以我們在日本人的起居室裡是看不到棉被的，它們都被主人放在櫃子裡了。還有他們的廚房和餐廳，無論是桌椅，還是碗碟，或者是灶具，都是被擦拭得乾乾淨淨，擺放得整整齊齊。

我們在一些影劇作品中可以看到，現實中的日本男人都很大男人主義，在家裡決不肯動手做什麼事情，覺得女人為之服務是理所當然的，男女地位不平等。這是反6的性格特點。6號在人前和人後的表現是不一樣的，在家和在公司是不一樣的。日本男人在公司遵守規矩，服從管理，在家就比較霸道，喜歡指使女人。

6號性格解析：

（1）與6號打交道的技巧

與6號打交道，最重要的是要贏得他的信任及尊重。

和6號溝通，內容一定要準確實際，不可誇大、虛構，一旦他發現與事實不符，就有上當受騙的感覺，對你也就不再信任。6號喜歡質疑，但不要急於批評他的顧慮和擔心。

另外，過分地肯定或當眾表揚他，也會讓他感覺不舒服。與他相處要言行一致，重承諾。

危機時刻，6號會是值得信賴的人。如果希望他去做某事，一定要安排團隊一起去配合完成，並且還要給他提供保障，講清楚危機何在。當規則改變的時候，要給他足夠的適應時間。應該常常提醒6號走一步是一步，不必為遙遠的未來而焦慮。

6號下屬信賴以身作則、真誠、言行一致的上司。當被6號質疑時，要保持友善的態度，幫助他找到答案，並表揚他的忠心及作出的承諾。幫助6號克服行動中的猶豫，鼓勵他把內心的問題講出來，並幫助他一道解決。

（2）對6號的建議

6號最關鍵的是提升行動力，不要那麼猶豫不決、優柔寡斷，拋棄不必要的擔心和顧慮，不要人為地把問題複雜化。要懂得欣賞自己，拿出勇氣和自信。當別人表現出不友好，你應先反思一下自己是否率先表現出了攻擊的傾向。不要總是與他人劃清界限，不要總是詢問對方的立場。不要總是對別人抱著不信任的態度，更不要總是對人質疑，要以開放的心態客觀中立地看待別人。不要過多地看問題的負面，而要多看問題的積極方面。

（3）6號適合的工作

6號喜歡等級分明的工作場合，權力、責任和問題都要一清二楚。他們也喜歡給自己幹活，握有實權，這樣不必受到別人的控制。他們不喜歡那些壓力過大，常常有變化、需要即時決策的工作，也不喜歡與他人競爭、鉤心鬥角的工作環境。因此像做員警、軍人、中高層管理者、主管、安全檢查、服務業、醫生、法律工作者、各行各業等的執行人都非常適合，類似的建立系統、設立防範機制、顧問等工作，都是不錯的選擇。

第七型

7號 瀟灑走一回

——追求享樂的物質主義者

7號最根本的恐懼，是痛苦；他們的基本慾望，是追求快樂、滿足、希望一切如願以償；他們對自己的要求是：如果我得到了我所需要的一切，就OK了。

7號的理想是最好不要遇上生命中任何焦慮、威脅、疾病等痛苦的事，每天都要活得愉快；他們活在當下，充分地享受生命中每一個快樂的時光。**7號**喜歡創造性的工作，善於鼓舞周遭的人們。他們生性樂觀，喜歡前呼後擁的感覺，但做事常常半途而廢。

7號在情感上逃避痛苦。他們往往過分強調個人的需求，因而覺得照顧別人是種負擔。

7號非常有創意，歷史上的乾隆皇帝就是如此，他也是7號性格的代表。大家都熟知的頤和園長廊有273段，位於萬壽山和昆明湖之間。這裡有個故事：乾隆皇帝的母親非常喜歡聽故事，又很喜歡看雪景。於是乾隆皇帝請宮女專門給母親講故事，帶母親去頤和園看雪景。可是冬天雪很大，於是他設計了這樣的長廊，由宮女推著太后，邊看雪景，邊聽故事。日子久了，那些宮女也不知道哪些講過，哪些沒講過。於是乾隆下令把中國古典名著故事寓言都畫在長廊上，一共畫了14000餘幅。這樣宮女在給太后講故事的時候，就輕鬆多了，可以信手拈來，講給太后聽。這是一個孝順的皇帝給母后的創意。

7號的人生是豐富多彩的，多才多藝，有多方面的特長。乾隆一生酷愛作詩，他寫過的詩歌數量達到42000首，接近《全唐詩》收錄的48900首，平均每天都要作詩兩到三首。一個人作品的數量堪比《全唐詩》，一方面因為他好大喜功，附庸風雅；另一方面也因為他快樂的心性和活躍的思維。在乾隆的心目中，大清的皇帝不僅僅是最高統治

者，更應該是文人的精神領袖。

7號是多面相的，他什麼都懂一點，懂得評價和鑒賞東西，但不一定精通。我們現在看到許多古代書畫作品上常常印有落款題「御筆」兩字，並鈐有「乾隆宸翰」等印章。乾隆雖不能說是清朝諸帝中書法最有造詣的一位，卻一定可以稱得上是最勤勉的一位——存世量極多。乾隆書法以行書最為常見，但楷書、草書也有不少傳世。楷書主要用於寫經，草書大多是臨帖之作。其書法字體稍長，形成了自己「方圓兼備、結構穩重、剛柔相濟」的獨特風格，楷書中多有行書的筆意，行書中又往往夾雜著草書的韻味，並且通篇圓潤秀麗、流暢自如，體現出了一代天子不拘一格的氣度。

7號的基本慾望是追求快樂、滿足、得償所願。只要是7號看中的東西，他一定會弄到手。凡是和快樂有關的物質層面的東西，7號都很喜歡。乾隆一生具有多重角色——既是政治家，又是學者，同時還是詩人、旅行家和獵人。有一次，乾隆和寵臣和珅去逛妓院，後來被太后知道了，太后怒斥了乾隆，說皇帝有三宮六院，居然還會去逛窯子。太后還剪下了自己的頭髮，以示警戒。在小說家的筆下，乾隆甚至為了得到一個美女，而發動一場戰爭。一切皆因性格使然，也許他們的演繹也有幾分真實。

乾隆非常自大，喜歡陶醉在「天朝上國大皇帝」、「千古第一全人」的讚譽中，並自詡為「十全皇帝」。他晚年自封「十全老人」，因為他有「十全武功」。十全武功，意思就是打了十次大勝仗。他打了許多次仗，但不到十次，他就把其中大的戰役分成幾次小的。

乾隆時期，也是中國歷史上的一個鼎盛的時代。歷史上有康乾盛世的說法。「乾」就是指乾隆統治的前期和中期。前期的乾隆還是比較務實的。他整頓吏治、優待士人，為前朝雍正打壓過的人士平反。他鼓勵農墾、興修水利，所以形成了一個鼎盛的時期。後期就是因為重用了大貪官和珅，使得清王朝從此走上了下坡路。乾隆對甜言蜜語有極端的嗜好。和珅，侍衛出身，善於奉承，非常討乾隆的喜歡，最後被提拔為宰相，兼首都衛戍區最高軍事長官。乾隆六下江南，耗費了大量的財富。有一次江蘇的官員對乾隆

說：「現在民生疾苦，怨聲載道。」乾隆聽後，大為光火，勃然大怒：「你說說哪裡疾苦？什麼人怨聲載道？」嚇得那個官員不敢再說了。7號的性格攻擊性比較強，不喜歡聽不同的意見，所以他不願意接受別人的批評。清朝第一才子紀曉嵐也勸過乾隆要珍惜民力，他說現在江南人民的財富已經枯竭了，同樣遭到了乾隆的呵斥：「你這個奴才，我看你有點文學才能才提拔你，你有什麼資格討論國家大事？」1796年，乾隆退位時，國庫資金幾乎被揮霍一空。足見7號生活的追求奢華享樂，對喜歡的人豪爽，又我行我素，十分自大。

7號對弱者充滿了同情，只是他太忙了，往往忽略了弱者的痛苦。乾隆比較富於同情心，常常因民生困苦而潸然落淚。他慷慨地普免天下錢糧，免掉窮苦百姓的賦稅，在災荒之時，不遺餘力放賑救災。乾隆還在身為皇子時，就將自家的居室命名為「樂善堂」，雍正八年（1730）彙編詩文集，名曰《樂善堂文鈔》，乾隆元年編訂成《樂善堂全集》。以「樂善」為名，反映他的一種理想，取這種堂名，是予人以善的意思，因為給人以善，所以最為歡樂。

7號對生活充滿了激情，總在尋找能給自己帶來快樂的事情。他們追求快樂，逃避痛苦。有時候，他們過分強調個人需求，個人喜好，甚至覺得照顧別人是負擔。在情感世界裡，當激情來的時候，他們會大膽地去愛；當激情消失的時候，他們又開始尋找另一個目標，避免空虛狀態的出現。

《媳婦的美好時代》中毛峰的性格就很具體地詮釋了「激情點燃世界」這句話。在電視劇中，毛峰一共有四段感情經歷，每段感情的動機基本上是一樣的——除了和余好的那段。

第一次，毛峰不顧家人的反對，和有一個女兒的酒吧歌手結婚了。然而在領完結婚證書的當天，毛峰突然覺得結婚對自己來說太早了，他還沒玩夠。結果在新婚的第二天毛峰就逃走了。毛峰剛剛結婚就離婚，這說明他們之間只是激情，缺少親密和真正的承諾。

後來毛峰和姐夫余味有一段關於男人責任的爭論。他說：「我與她結婚是因為我愛她；我現在不愛她了，所以我就離開她。」7號的情緒就是這樣來得快，去得也快。7號總被新鮮、未知的東西所吸引，卻不懂得欣賞眼前所擁有的東西。

第二次，他遇到了龍瑾。他認為自己愛上了她。於是，沒多久，就把她領回到了自己家中，和父母見面。

當然，龍瑾也是7號。開始的時候，她之所以和毛峰好，是以為毛峰會變魔術，逗她開心，她覺得挺好玩，彷彿找到了知音一樣。因為毛峰家人反對，她突然不辭而別，連招呼都不打就走了。她嫁給了一個老外，出國了，但很快就離婚了。後來她對毛峰解釋離婚的原因，可以或多或少看出7號對婚姻的態度：「婚姻無非就是兩個人能玩到一起，吃一起，睡一起，老外多悶啊，根本就玩不到一塊。」這就是7號的婚姻觀。7號是把婚姻當成遊戲來對待，好玩是婚姻不可缺少的黏著劑。

在7號看來，理想的婚姻模式是：他的伴侶能夠參與到他喜歡的活動中來，他能和伴侶共用每一刻快樂時光，沒有拘束，沒有痛苦。我們可以看到，經過一番挫折，毛峰和妻子潘美麗和好以後，毛峰隨著自己的劇團到鄉下去演出，他也讓潘美麗跟著，感受他的每一次快樂，共同渡過每一分鐘的歡樂時光。這就是7號的性格，快樂必須要和人分享。當然，龍瑾還有點3號的影子，7號和3號在追求物質目標時是相似的，只是滿足的需求不一樣，7號只是為了快樂，而3號要名聲和成就。劇中毛峰的同事范哥有對龍瑾的評價：「第一，太風塵了；第二，這人心思細膩，成天琢磨人，深不可測，後背都長眼睛；第三，目的性太強。」前面一條姑且不論，後面的兩條非常符合3號的特徵。3號目標性強，為了達到目的，實現目標，有時候就容易急功近利，走捷徑，甚至不惜以身試法。龍瑾精心設計的騙局，也能說明她長於策劃，非常會編故事，也很擅長銷售，把人的心理都琢磨透了，遺憾的是，她走了歪路。

第三次是在毛峰面對農村女孩潘美麗後又迅速而盲目地墜入愛河，但好景依舊不長，婚後生活毛峰依然放蕩不堪，再次與龍瑾糾纏不清，在龍瑾的誘騙下毛峰投資失敗，好在清純懂事的潘美麗不離不棄，用真誠和執著收服了「花心」老公，守住了這段婚姻。

毛峰在劇中有一句臺詞：「生活啊，就是有感覺的。有了感覺才去做，有一二三，直接奔八九十，四五六七可以省略掉啊！」、「別人的什麼看法我不管，我的生活我做主。」

逆境中的7號會放任式享樂，而不是普通的享樂。比如，毛峰對婚姻不滿意，就去酒吧玩樂、就去找龍瑾胡鬧。

逆境中的7號在情感上，一定要記住：珍惜眼前的美，學會發現眼前的美。毛峰的花心讓他總是游離於女人之間，秦素素離婚後慨歎，這樣的男人是她抓不住的。什麼樣的女人可以牢牢捉住一顆浪子的心？外表純粹但也很有想法的潘美麗，就懂得以柔克剛，面對花心丈夫，千萬不能一下子約束住，否則物極必反。於是，她總是給丈夫足夠空間，以至於顯得毛峰「沒心沒肺」，讓其每次都自感內疚，繼而浪子回頭。

7號也是懂得自娛自樂的人，而且精力旺盛。毛峰是魔術師，懂得用魔術來娛樂身邊的人，給別人，也給自己帶來快樂。

9 語不驚人死不休

7號是那種「語不驚人死不休」的人。7號開玩笑喜歡踐踏別人。當他開玩笑踐踏了你，而你還擊了，他立刻就會變本加厲地攻擊你。他不會壓抑自己，讓自己不舒服。他以自我為中心，這使他極度自戀，為了滿足自己的需求不惜傷害別人。

喜劇電影《不見不散》中的劉元就是一個典型的7號性格。劉元是一個典型的北京頑主（即對社會失望的青年，用類似嬉皮的精神反抗社會），他將北京人的幽默和調侃發揮到了極致，既帶有可氣的玩笑，又帶有可愛的詼諧。

他和李清有這樣一段對話。劉元問李清說：「脫衣舞你跳嗎？」李清反問他：「我是你妹妹的話，你會讓我跳脫衣舞嗎？」劉元回答：「你是我妹妹，我就不讓你來美國！你以為跳脫衣舞，光不要臉就行了？那還得會劈腿，一條腿一踢一人多高，就你這柴火妞的身子骨？」7號就是這樣，光顧自己說著爽，而不忘損別人幾句。

7號的人生就是追求快樂，所以他在處理感情的時候經常逃避痛苦，任何痛苦和空虛他都不願面對。劉元說：「我覺得享受生活的每一天才是最重要的！」他的人生正是按這樣的軌跡行走的，這也正好體現了7號對待生活的態度。

7號喜歡多元化的工作環境。他點子特別多，是名副其實的點子大王，他會用創意和靈感創造財富。劉元獨出心裁，與當地員警聯繫，開辦中文速成班，教的漢語也很有意思，賺錢很快。

另外，7號的想法也是天馬行空、不拘一格、無拘無束。他說：「這是喜馬拉雅山，這是尼泊爾，這是青藏高原。由於印度洋暖濕氣流的影響，尼泊爾王國溫暖濕潤，四季如

春，而山的北麓由於寒冷則終年積雪，如果沿著山腰打開一條通路，將濕氣引到山的這一邊來，那中國的青藏高原該會變成多少個魚米之鄉啊！」應該說，這是一個非常有創意的想法。7號從來不缺創意。他喜歡創造性思維，喜歡快樂的工作，喜歡挖掘無限的可能性，是策劃高手，有時候，又過於海闊天空。7號會想一堆辦法，但想出來了也就完了，或者是講給別人聽，讓別人去行動，他自己往往並不付出行動。

所有的性格中，7號性格的人都很難管住自己的嘴。電影裡，劉元和學生有一段對話，劉元說：「這個是流氓的流，不是姓劉的劉，你們看老師像流氓嗎？」學生們回答：「像。」又有學生問：「老師，沒吃怎麼說呀？」劉元回答很好玩：「沒吃回家吃去！」

7號魅力十足，能說會道，常用花言巧語打動別人，同時力圖讓自己充滿吸引力，希望得到他人的崇拜與愛慕，他們挑起別人的期待和渴望，讓別人對他們充滿幻想。

7號是比較自我的，他們習慣按自己的規則做事，卻不習慣正視自己的問題。7號對大方向敏感，對細節卻一團糟，沒有概念。

7號我行我素，也不按常理出牌。他相信只要擁有選擇，生活就是無止境的。他不想錯過任何自己選擇的事情，臨時的承諾很容易，但是長久的承諾卻很難，因為他認為永久的承諾會讓他失去無限可能的未來。

道地的享樂分子

7號喜歡快樂，逆境的時候，甚至是一個澈底的享樂主義者。尋求物質上的滿足感，是最有效的享受快樂、逃避痛苦的方式。

《西遊記》中的豬八戒是7號的典型代表。他降妖除魔的本事沒有孫悟空大，能力不如孫悟空，而且做事情往往虎頭蛇尾、半途而廢，這都符合7號的性格。因為7號性格者在遇到挫折的時候，常常容易放棄，他們在提出天才的構想後，往往也不屑於動手去做，總不能乾淨澈底地完成一項任務。豬八戒在西天取經的路上，一遇到挫折，就嚷嚷著要散夥，動不動就要回高老莊。

他還有自己的私心，自己的小算盤。在取經的路上孫悟空老是捉弄他，因為他比較好玩，他喜歡美色，貪圖享樂，盡耍一些小聰明。

在《西遊記》的取經隊伍中，豬八戒非常貪財愛物。豬八戒會趁無人之時偷拿棉背

心，看到富貴就心癢難撓，得到賞賜的金銀就想接。第三十八回，孫悟空為了煽動八戒半夜去井裡打撈國王屍身，便騙他有寶貝，八戒果然十分賣力地下了井；第八十五回，滅法國的國王因殺生過多自感罪孽深重，要拜唐僧為師，八戒聽言，便問「有何贄見之禮」；第九十四回，天竺國的妖精公主要招唐僧為駙馬，豬八戒接了國王送的聘禮錢。

逆境中的7號貪食，會把自己吃成一個大胖子。豬八戒心寬體胖，他最惦記的就是吃東西，有食物時，總會表現得饑不擇食，一副貪吃的嘴臉。他常常掛在嘴邊的是「齋僧不飽不如活埋」，所以才會有唐僧罵他是「槽裡吃食，胃裡擦癢的畜生」，也才會有孫悟空以好吃好喝為誘餌戲耍捉弄他。只要有吃的，他就不放過任何一次機會。最後他被封為「淨壇使者」，這也確實符合他的愛好和特長。

豬八戒除了貪吃好色外，他還藏私房錢！在小說第七十六回，豬八戒被妖怪抓住，孫悟空去救他，但是孫悟空假冒陰曹地府的牛頭馬面之類去戲弄他，八戒一聽就想用自己的「私房錢」賄賂，原來他在取經路上，私存了五錢銀子，後來花了一點，還有四錢六分銀子。

7號喜歡展示自己好的一面，有表現慾，能成為人群的中心、輿論的焦點。豬八戒總愛表現自己、總想表現得比別人好。另外他還喜歡表達，愛吹牛。

7號樂觀開朗，喜歡開玩笑。豬八戒活潑開朗、不斤斤計較，孫悟空多次捉弄他，他從來沒有生氣過，所以有豬八戒的地方，都非常熱鬧。我們看豬八戒說話，都有忍俊不禁的感覺，就是因為這個形象身上有太多的喜劇因素了。他跟師兄弟的關係處得最好，能給大家帶來快樂。

7號能隨時發現生活中的樂趣，總善於給自己找樂子，他們天性中有逃避痛苦的因子。比如說，師徒四人走到通天河前，大家都在想怎樣過河，絞盡腦汁的時候，只有豬八戒在一旁摘花玩耍。7號總不放過自娛自樂的機會，懂得享樂和放鬆之道。

豬八戒對女色非常迷戀。以前在天庭任天蓬元帥時，他調戲嫦娥；取經路上，他被四個變成美女的神仙試探而亂性；西梁女兒國中，他「自告奮勇」要求替唐僧接受「招贅」，並說出一句「粗柳簸箕細柳斗，世上誰見男兒醜」這樣有意思的話，說明7號非常渴望慾望得到滿足。

7號不太關注細節，往往容易丟三落四，他們經常找東西，總是忘記把東西放在哪裡。豬八戒看護、照顧師傅唐僧的時候，就常常把師傅弄丟了。這是7號的負面性格

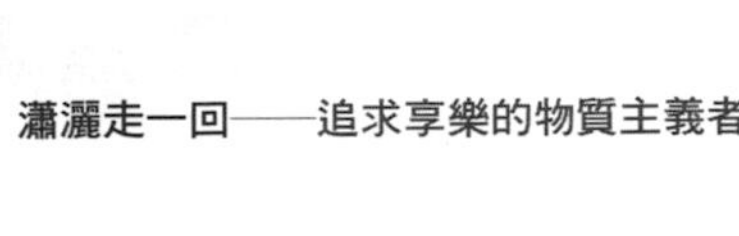

特徵。

7號的生活樣貌

7號非常有激情，而且喜歡熱鬧，哪裡有快樂，哪裡就有他們的身影。所以像南非世界盃這樣的場合，7號性格者是非常願意去的。許多7號寧願冒著高溫、酷暑，也要親臨現場去看球賽。即使去不了現場，他們也設法通過各種管道瞭解到球賽的最新賽況，生怕錯過了每一個精彩的瞬間。

7號喜歡娛人娛己，非常有娛樂精神，善於挖掘和享受生活中的每一點每一滴笑料。他們天生有娛樂細胞，有搞笑的天賦，有喜劇的因子。像大陸的電視節目《快樂向前衝》、《加油，好男兒》既是7號策劃的娛樂活動，也是7號喜歡收看，並積極參與的節目。

7號樂於嘗試新鮮的東西。像IPHONE、IPOD這樣的高科技產品新推出來，也是7號和3號首先使用。在行銷學上有這樣的結論：通過看廣告來買東西的人只占所有消費者的

15%。這15%主要就是7號和3號。7號和3號都喜歡嘗試前衛的東西，是勇於探索新鮮事物的一群人。他們的傳播能力很強，尤其是7號，如果他覺得什麼東西好，就會在人群中大力宣傳。7號和8號都比較喜歡冒險，只是他們的動機不一樣。8號冒險是為了追求成功，7號冒險是為了追求刺激好玩。

7號追求刺激，所以刺激、熱烈、動感十足的網路遊戲都是他們的最愛，他們很容易上癮，樂此不疲。

像報紙上的娛樂版、明星的緋聞，7號是非常感興趣的。他們有獵奇心理。他們的點子很多，被稱為「點子大王」，像《頭腦風暴》這樣的節目大多適合邀請他們來參加。

文學和影視作品中，許多人物都是7號性格。像《紅樓夢》的賈寶玉、《水滸傳》中的李逵、《三國演義》中的張飛。賈寶玉是個典型的紈絝子弟，公子哥兒，不愛讀書，喜歡和大觀園裡的一眾姐妹們廝混；李逵和張飛也是非常喜歡熱鬧的，哪裡有熱鬧，一定要去瞧瞧。

7號性格與國家：巴西

巴西人性格開朗、豁達、熱情、奔放。這塊土地自然資源豐富，兩次世界大戰都未殃及巴西本土，這些都使得巴西人養成縱情和樂於享受的7號性格。

巴西民間流傳著這樣一句順口溜：嘴裡喝著檳嘎（巴西的一種果酒，以甘蔗為原料釀製而成），懷裡抱著摩薩（美麗的女郎），腳上跳著森巴（森巴舞），眼裡看著戈巴（足球）。

巴西人非常會吃，巴西烤肉非常有名。這也符合7號的性格。7號是典型的物質主義者，非常注重物慾享受。7號總是熱衷於任何新的嘗試。

巴西還有熱情奔放的森巴舞。森巴，原為黑人的一種自娛自樂式的民間舞蹈。一百多年以前，獲得解放的黑奴為了慶祝自由的到來，載歌載舞慶祝了五天五夜。從此之後，這種慶祝活動便沿襲了下來，並形成了傳統。現在巴西每年一度、舉國上下都參與到狂歡節中。

巴西人對足球非常狂熱。足球讓巴西人活力四射。據統計，全國註冊的足球俱樂部有兩萬多家。每個俱樂部都有自己的主場。巴西是世界上足球場最多的國家。同時，世界上最大的足球場也在巴西，其擁有15萬個座位。每逢有重大的足球比賽活動，巴西舉國上下一片歡騰，群情激昂。

在巴西，上自總統，下至平民，沒有不熱愛足球運動的。巴西為世界足壇貢獻了許多天才的球員，比如球王比利和羅納度等。

巴西的狂歡節，別有情趣。每年2月7號至11號，全國各大城市，都要舉行盛大的森巴舞表演比賽，連續五天五夜不間斷，每晚通宵達旦。世界各國許多要員都前來觀看過。美國前總統老布希還特地偕家人專程趕來觀賞。巴西每年都評選森巴皇后，全國還有數千家森巴舞學校，專門培養森巴舞人才，並負責籌備每年的森巴舞賽事。每年的這個時間，全國各大城市有很多人會去看森巴表演比賽。

7號喜歡刺激，喜歡感官知覺，喜歡縱情於娛樂，喜歡物質生活，喜歡享受，所以他們會聰明地尋找快捷方式，來滿足自己。

在巴西購物，大到房屋、汽車，小到一雙鞋子，都可以分期付款。只要憑本人的一張銀行信用卡，就可以在商店櫃檯前簽署分期付款的時間和每期應付的金額的協議書。最長

的可達30年，最短的也可以2～3個月。由此可見巴西人超前消費、享受的意識是多麼強烈。

另外，巴西的特色建築也能體現7號性格的創新意識。像里約熱內盧的天梯教堂、巴西利亞的陽光教堂等，採用了現代抽象派藝術建築方式，充分發揮了想像的力量，風格獨具、新穎，與歐式教堂設計風格迥異，給人耳目一新之感。求新求變就是7號一生的追求！

7號性格解析：

（1）與7號打交道的技巧

7號喜歡人際溝通。與7號溝通，最好創造出輕鬆愉悅的會談氣氛，與他們的喜悅合拍。

溝通中，如果他們怪罪於你，你別放在心上，繼續進入主題。

幫他將錯誤包裝為學習機會，主要是關於「承諾多，兌現少」的習慣。

不要期望7號能跟隨你的時間表，要尊重7號，不要試圖命令或控制7號，7號喜歡與權威平起平坐。

7號討厭案頭工作，幫助他將不喜歡做的文件工作在最短的時間內完成。要想與7號達成共識，最好共同訂立目標，清晰無誤地拿到正式承諾，儘量減少漏洞。

（2）對7號的建議

7號做事有點隨心所欲，所以宜三思而後行。在策劃之前，先做一番縝密的調查很有必要；在行動中，要節制一點，要有耐性，控制自己享樂的慾望。

7號還要學會關心他人，克服逃避的習慣。分析問題要深入一點，不要過於膚淺。不要總覺得自己高人一等，瞧不起對方，嘲笑別人。一旦答應別人做某事，應該以最快的速度去完成它。

7號應該花更多的時間和精力到執行規劃、實現目標上來，避免一味貪圖享樂。

（3）7號適合的工作

7號是計畫者、組織者和創意收集者，也是旅行愛好者。所以像編輯、作家、主持人、講師、魔術師、演員、導演或講故事類的文化創意、廣告創意、娛樂等工作都很適合他，像行政單位、公務員或實驗室裡的技術人員、會計和其他可以預見結果的工作、機械重複的工作，7號就不是很喜歡。7號也不喜歡為嚴肅、刻板的老闆工作。

第八型

8號 我要征服世界
——氣質非凡的領袖人物

8號最根本的恐懼，是害怕被別人認為是軟弱的，厭惡被傷害、控制和侵犯；他們的基本慾望，是做生命中的強者，主宰自己的人生、決定自己的命運、捍衛自己的利益；他們對自己的要求是：如果我堅強不屈、足夠強大、能夠把握自己的命運、控制自己的處境，就OK了。

8號天生喜歡控制與冒險。他們受自身慾望的驅使，去追逐權力和領導地位；同時，他們也喜歡保護他人。8號是典型的「挑戰困難的領導者」，越困難，越能引起他的挑戰慾。

8號在感情上害怕被人控制和駕馭，防衛性強。在他們看來，信任和關懷那是弱者的表現。他們通過各種方法來強化自己的外殼，以防在感情上受傷。

最具冒險氣質的領袖

8號喜歡冒險，而且善於冒險。他們冒險的目的，是追求成功，追求支配權。他們是一群天生具有領袖氣質的人。

歷史上的曹操具有超人的領袖才能，他的性格完完全全體現了8號的領袖氣質。大家所熟知的藝術形象上的曹操不能代表歷史上真實的曹操。曹操是一個具有旺盛野心及使命感的領袖人物，想使當時極度混亂的社會，重新恢復安定秩序，解除百姓痛苦。

魯迅曾經說過：看《三國演義》聯想起舞臺上的那個白臉奸臣曹操，這不是觀察曹操真實的辦法。他說；「曹操是個很有本事的人，我認為他至少是個英雄。」《三國志》陳壽說曹操：「亦可謂非常之人、超世之傑矣。」這些都可以證明他是一個英雄。

曹操的領袖氣質主要體現在三個方面：行事果斷，豁達自信，知人善任。

曹操初入仕途時，完全沒有紈絝子弟的享樂習氣，一心革除弊政，厲行法治。當時宦官弄權，朝政混亂，而他能不畏權貴，表現出了大政治家的高度和力度。

年輕的時候，曹操剛入仕途，當了一個小官，洛陽北部尉，相當於一個維護地方治安

的警察局長一樣。他剛上任不久，就造了十根五色大棒，違法一定嚴懲。宦官蹇碩的叔叔有一次違反了他的禁令，他把蹇碩的叔叔抓來，秉公執法，結果給打死了。要知道，東漢末年，宦官當權，蹇碩的權勢熏天，炙手可熱，這麼做是需要極大勇氣的。

8號胸襟博大，樂觀豁達，且多在危難之中見精神。董卓弄權，曹操看不慣，準備去行刺董卓，就準備了一把寶刀。他是騎著馬去的，事先和董卓約好了，這次故意晚到。董卓就問他為什麼來晚了呢？他回答說：坐騎瘦弱，不堪驅使，所以來遲了。於是董卓讓呂布去給曹操挑選一匹上等的西涼好馬。曹操就是通過這樣智慧的方式，先巧妙地把董卓手下的頭號戰將呂布支走了，提高行刺成功的機率；後來曹操趁董卓午睡時拔出寶刀，準備行刺，但董卓翻身時從床邊的銅鏡中發現苗頭不對，大喝一聲。曹操急中生智，說：「恩相，我有寶刀相送。」很巧妙地躲過了一劫——這時呂布正好牽馬過來，曹操藉口試馬，騎上馬就一溜煙地逃了。

8號遇事鎮定，臨危不亂，且多有決絕之舉。再看官渡之戰，那是《三國演義》裡三大戰役之一。曹操以7萬人大勝袁紹的70萬人，這是多麼懸殊的比例啊。曹操召集眾人商量對策，採納部下的意見。當時曹軍的軍糧已經不多了。正在他為軍糧發愁之際，他的老朋友許攸從袁紹那邊半夜來投。許攸建議他劫烏巢，燒掉袁紹的糧草，這樣袁軍必亂、不攻自潰。8號做事非常果斷，說幹就幹，從不拖延。所以曹操聽了許攸的建議後，沒有猶豫，連夜帶領五千人馬，親自去劫烏巢，燒掉了袁紹的糧草，回頭又襲擊了袁紹的大本營。結果大獲全勝。

8號考慮事情比較周詳，因為喜歡控制，總想把一切都裝在心裡。他們做事很有計劃性，連步驟、方法，甚至退路都事先考慮好了。曹操軍事思想中有一句話，叫：「料敵在心，察機在目」，這是8號的強項。8號建立自己的王國，事事都在自己的心中，用心地掌控著一切。

勇敢果斷的特質另一面就是霸道自負。當年曹操說過一句很狂的話：「寧可我負天下人，休教天下人負我。」這句話讓曹操背負了千古罵名。而且他在《三國演義》中，殺掉了他父親的老朋友呂伯奢一家；在徐州城破時，下令屠城。

8號喜歡控制別人，自然不喜歡被別人控制，不喜歡被別人指揮。曹操從小就好飛鷹走狗。有一次他的叔叔管他，他就惡作劇，故作中風狀。他的叔叔跑去告訴他的父母：「你們快去看，阿瞞中風了！」他的父母跑去一看，發現曹操好好的，並沒有中風，於是

問是怎麼回事。曹操說：叔叔不喜歡我，所以老污蔑我。曹操的父母就信了曹操的話，從此再沒人管曹操了。

曹操很會保護自己。他說我夢中好殺人，不要靠我太近。有一次他睡著了，被子掉了下來，他的一個侍衛跑過去幫他把被子蓋上，驚醒了曹操。曹操持劍把那個侍衛給殺了，然後倒頭繼續睡覺。第二天醒來，卻反問那個侍衛怎麼被殺了。別人把發生的事，告訴了他。他於是說自己夢中殺人，自己並不知道，還下令厚葬了那個侍衛——他這麼做的目的，就是想警告別人：即使自己在睡夢中，也別想靠近刺殺我。

8號知人善任，對身邊各色人等的能力、性格、特長了然於胸。曹操很會用人。他見到郭嘉之後，暢談國家大事。結束後，他說：「助我成就大事的就是此人。」他前後三次頒佈了唯才是舉的命令，雷厲風行地執行。

曹操是如何做到公正、如何做到師出有名的呢？當年董卓篡權，他就去行刺；袁術私藏玉璽，曹操也很不服。自己的實力明明已經可以做皇帝了，但他堅決不做，他內心的公正正是——「天道深遠」。

8號有宏偉的人生規劃，總想成就一番大業，但他們又非常務實，喜歡從基層做起，熟悉瞭解每一個流程、每一個環節，以備自己將來創業之用。因此，他們喜歡靠實力取勝，而不在乎虛名。曹操是三國當中最有實力稱帝的，可是他能站在「天道深遠」的高度去看待世事，至死也沒有稱帝。曹操打仗的時候，喜歡論功行賞。每次開慶功會的時候，他把將領們召集齊以後，能直截了當地指出各自的功勞。他很少貪功，賞罰分明，所以深得將士的擁戴。

東漢末年，民不聊生。曹操有詩句說：「白骨露於野，千里無雞鳴；民生百遺一，念之斷人腸。」因為他的作為，讓那時的經濟生產得以恢復、社會秩序得到維持，而且通過實行屯田制，解決了東漢末年的糧食問題。如果不是曹操統一了中國北方，當時不知道有多少人要稱帝、多少人要稱霸。實際上，在曹操統治下的北方，民眾安居樂業。

曹操把漢獻帝請過來，招待得很好。漢獻帝吃喝不愁，曹操依然稱臣，見到皇帝依然下跪。他挾天子以令諸侯，兼併了很多小的諸侯。

曹操有統一天下的野心。他說：「周公吐哺，天下歸心」。他想效法周公，不僅要統一，還要大家真正的心悅誠服。晚年的時候，他還寫過：「老驥伏櫪，志在千里；烈士暮年，壯心不已。」這裡面有8號的堅忍、鋼鐵般的意志、活到老拼到老的人生觀。同時，足以看到他想一統天下的宏圖大志。

9 作風強硬的管理者

8號一般看起來都是精明幹練的情緒鮮明，臉部表情多變化。說話的時候，容不得不同意見，往往是直接進入正題，聲如洪鐘。美國前國務卿萊斯就是一個典型的8號性格管理者，作風強硬，不怒自威，人們非常容易把萊斯和前任國務卿歐布萊特相提並論，因為她們都精明幹練，而且風度翩翩。

萊斯是繼柯林頓政府歐布萊特之後，美國歷史上第二位女國務卿。她看問題準確，闡述能力極強，博學勤奮，思路清晰，同時能講一口流利的俄語，是蘇聯問題專家。萊斯代表了一個女人所能做的一切：聰明機智，有魄力、有氣勢、有才幹，備受尊敬。

人們在電視上看到的萊斯，總是一副咄咄逼人的樣子。美國前總統小布希是6號類型的領導人，他以微弱優勢競選成功，沒有絕對的權威。萊斯無論是之前擔任國家安全顧問，還是後來擔任國務卿，只要她和小布希待在一起的場合，給人們的感覺她更像總統，而小布希只是一個配角。布希曾開玩笑說，萊斯就像「媽媽」，什麼都管。美國媒體形容她：不僅是布希總統的顧問，更是親密的紅顏知己。她也被認為是除了第一夫人蘿拉之外，和總統在一起的時間最長的人。

就是與前國務卿鮑威爾在一起，她也處處露臉，搶盡了風頭。有她在的場合，就自然地成了中心。

8號喜歡擔任團隊中的核心和靈魂人物。小布希曾這樣讚譽萊斯：「歷史將證明萊斯是最偉大的國務卿之一。」小布希說萊斯像是他妹妹，她永遠保持樂觀心態，該強硬的時候強硬，該迷人的時候迷人。萊斯國務卿任期將滿的時候，小布希評價說，在最黑暗的日子裡，萊斯永遠展現樂觀，而且不斷提醒他，只要保持信心，什麼事情都是可能的，什麼事情都一定會發生。

8號善於發現問題的本質，觀察力敏銳。萊斯曾說：「作為一個領導者，你總是需要就一些不太瞭解的事情做重要決定。有人可能要求你支援價值百萬美元的物理望遠鏡專案。我對此所知甚少，但我可以通過尖銳的提問來發現其重要性，從而對其進行優先考慮。」當年，由於小布希不喜歡閱讀現成的國家安全政策手冊，作為總統安全顧問的萊斯搞了一種提問和回答的圓桌形式。

8號性格強硬，善於對抗。萊斯的上司曾評論她說：「她有著安靜的性格，但是有誰認為他們可以隨意驅使她，就會發現只能這樣做一次。她像釘子一樣強硬。」

8號管理者有個特點，就是當下屬出色地完成了工作時，他不一定表揚；但下屬工作中出現了失誤，極有可能要遭到他的嚴厲斥責。萊斯也有這樣的習慣。當她還是史丹佛大學的一名高級行政人員時，同事們形容她「既樂觀又務實」，但「如果有人事情做得不妥，她會馬上讓他們知道」。

8號非常自信，而且目標遠大，有追求，有崇高的使命感。萊斯出身黑人家庭，小時候跟隨父母到了首都華盛頓。他們在賓夕法尼亞大道上散步，最後在白宮大門前停下來，因為膚色，他們不能進去參觀。他們看著那座舉世矚目的建築物徘徊良久。小萊斯就告訴自己父親：「我現在因為膚色而被禁止進入，但總有一天，我會在那間屋裡。」

萊斯性格沉靜，不喜張揚，受人尊敬，而又無比堅定。萊斯有一個外號：「武士公主」，這是說她驕傲、高雅，對外表十分挑剔。她的辦公室裡有兩面鏡子，便於她能從前後兩個方面同時看到自己的穿著是否得體。這反映了8號的自律，喜歡看清真相。在個人生活中，萊斯多才多藝，她受過多年花樣滑冰的訓練，並彈得一手好鋼琴。

9 主宰自己的命運

8號的性格比較強悍，想做強者，輕易不會服輸。他們想主宰自己的命運。他們勇敢果斷，同時又霸道任性，喜歡控制別人；他們喜歡保護身邊的人，同時又喜歡命令別人；他們很有正義感，可是身邊的人卻很害怕他們。

《亮劍》中的李雲龍就是一個典型的8號。從他的一段話就可以看出他的性格：「讓我搞槍，沒問題！可是你不能給我戴金箍啊。你總得給我點兒自主權吧！不能什麼事情都讓你大旅長占了，又想讓我搞槍，又想讓我當乖孩子，這叫不講理啊！」

8號很喜歡挑戰。李雲龍在日軍「圍剿」時，率軍突圍。他在戰前動員時說：「鬼子給我們根據地進行掃蕩，這次掃蕩不比以往，情況可能會更糟糕。我要說的只有一句，天下沒有打不破的包圍圈。對我們獨立團來說，老子就不把它當成是突圍戰。當做什麼？當做進攻，向我們的正面敵人發起進攻。」

8號很敢冒險、很任性、很喜歡挑戰。李雲龍說：「我們的團就像個野狼團。弟兄們，知道我李雲龍喜歡什麼嗎？我喜歡狼，從今往後，我李雲龍要讓鬼子知道，碰到我們獨立團就是碰到了一群野狼，一群嗷嗷叫的野狼。在咱狼的眼裡，任何叫陣的對手都是我們嘴裡的一塊肉。我們是野狼團，要吃鬼子的肉，還要嚼碎他的骨頭。」8號性格就像鬥牛士一樣，是很敢冒險的一群人。他們是天生的創業者，白手起家的人，從無到有，從少到多。而且他們喜歡建立自己的王國。王國的定義是什麼，只有他們自己知道。

順境中的8號是英雄人物，他們英勇無畏，受人尊敬，

而且很有感召力。李雲龍說：「古代劍客們在與對手狹路相逢時，無論對手有多麼的強大，就算對手是天下第一的劍客，明知不敵，也要亮出自己的寶劍。即使是倒在對手的劍下，也雖敗猶榮，這就是亮劍精神。縱然是敵眾我寡，縱然是身陷重圍，但是我們敢於亮劍，我們敢於戰鬥到最後一人。一句話，狹路相逢勇者勝。亮劍精神是我們軍隊的軍魂。劍風所指，所向披靡。」李雲龍對他的警衛魏和尚說：「我們死也死得像個爺們，我們不能窩窩囊囊地死去，我要死在衝鋒的路上。」順境中的8號有血性，是真正的男子漢。

8號對自己身邊的人非常好，喜歡保護他們。李雲龍的部屬魏和尚被土匪殺害了，他不顧組織紀律，衝進土匪的老巢，把殺害魏和尚的土匪給砍了，而且對魏和尚的死，充滿了自責，認為是自己沒有保護到部下。所以8號是有情有義之人，總想在自己的權力範圍內，保護身邊的朋友，有時候甚至到了不顧原則的地步。中國共產黨當政後，李雲龍當了軍長，他當年的部屬段鵬，因為生活作風問題，觸犯了紀律，上級組織已經作出了決定。但李雲龍說，我是一軍之長，我的部下我能做主，他擅自撤銷了上級組織對段鵬的處理決定，讓他繼續當團長。

在對手眼裡，李雲龍是一個複雜的人物。同時，他也是一個很有分量的人物。作為一

個普通的團長，李雲龍能夠被對手看重，應該說，李雲龍活出了一個軍人應有的價值。日軍情報部分析他的性格是，「桀驁不馴，膽識過人，意志堅毅，思維方式靈活多變，多採用逆向思維，處事從不拘泥於形式，是個典型的現實主義者。同時紀律性差，善做離經叛道之事」。紀律性差的一個表現就是沒有向政委打招呼，就帶著魏和尚與楚雲飛一道大鬧日軍軍官的生日宴會。

在楚雲飛眼裡，李雲龍有勇有謀，不循常規，是膽大包天的驍勇戰將。他是土包子出身的作戰天才，沒有經過軍校。他也是有英雄氣概的，值得交往的一個血性漢子，是個硬漢子。

李雲龍逢敵必亮劍，狹路相逢勇者勝！勇往直前，有無堅不摧的戰鬥意志。

李雲龍強悍好鬥，桀驁不馴，執著而且倔強，很難駕馭。他有著一種與生俱來的霸氣和傲骨，不願意服輸，不能吃虧，甚至是不惜抗命也要表現他的一種血性和勇氣。

後來的軍裝事件也能反映出李雲龍不肯吃虧的性格。李雲龍、孔捷、丁偉三個人在艱苦的戰爭年代，因為武器裝備比較差，養形成了一種習慣：不輕易吃虧。這從他們的一系列扣押或者搶武器裝備的例子就明顯可以看出來。

8號做事非常講方法，不拘一格，喜歡創新。李雲龍富有創新意識、做事不拘一格。他的部隊被日軍包圍了，他組織突擊，把退卻變成主動進攻。用強大的火力支援，把前線陣地向前推進到離敵人只有50公尺，然後集中火力，攻擊敵人的指揮所，一砲就打掉了敵人的指揮中樞，從而大獲全勝，順利突圍。

新婚之夜，他的軍隊被日軍偷襲了，他的妻子秀芹也被日軍抓去了。李雲龍立即組織反擊。日軍還沒有逃遠，就遭到了李雲龍的追殺。李雲龍就是這樣有仇必報的性格，你給我一刀，我肯定馬上反過來還你一槍，公平合理，概不拖欠。所以別人都認為他是一個不能吃虧，只能佔便宜的人。他打仗的時候，往往是調動兄弟部隊，把整個部隊都捲進來，為他的戰略服務。甚至把整個晉西北都打得亂成了一鍋粥。政委趙剛事後反思說：正是李雲龍的魄力和任性，才成就如此大的戰功。趙剛說自己謹慎有餘，魄力不足，換成他來當團長，這支軍隊會是遵守紀律的模範軍隊，但在戰場上也就不會取得多大的成績。這就是8號性格的李雲龍與6號性格的趙剛的區別。

8號在感情生活上，也是比較霸道的，敢愛敢恨，說話直接，不喜歡繞彎子。

李雲龍在追求護士小田時說：「小田，說真的，我喜歡你，我第一次見到你我就喜歡

你，我知道你條件高，人長得漂亮，又有文化。我呢，粗人一個，沒有文化，配你是有點那個了，不過我不笨。全國要解放了，沒有文化我可以去學，小田，如果你同意嫁給我，我會一輩子對你好的。現在我只問你一句話：你喜歡我嗎？到底是同意還是不同意？你痛快點行不行？如果不同意，我馬上走，以後絕不糾纏你。你說話呀！小田同志，你不要為難，這種事情當然應該兩廂情願。我說過，咱們是革命隊伍，在這個問題上誰也不能強迫誰，謝謝你對我的護理，我李雲龍無以報答，只能在戰場上多殺敵人。」這一次他又贏了，只不過這次不是戰場，而是情場。8號性格就是這樣，談戀愛，追求人家都是如此霸道，好像下象棋逼宮一樣。8號不喜歡玩感情遊戲，是因為他的生命是用來創造自己的王國，實現自己的夢想的。李雲龍去田家向田雨的父母求親，田雨的父母開始不答應，他就站在屋外，連續站了好幾個小時，不答應就不肯走，也像逼宮一樣。8號就是這樣霸道、任性、簡易，以自我為中心，不達目的絕不甘休。

可以說，李雲龍在戰鬥中打的是有準備的仗，冒的是智慧的險，他主宰的是自己的命運，從而改變了團隊的命運。

9 相信金錢的力量

8號內心充滿了恐懼，害怕被別人操控、傷害和駕馭。為防止被別人傷害，8號特別善於強化自己的外殼，使自己看上去很強壯，也很強硬。他們很懂得自我保護之道。其中，金錢常常被他們認為是保護自我的最好的武器，金錢能給他們帶來安全感，能讓他們有尊嚴，能讓他們找到控制者和支配者的感覺。他們信奉：人為財死，鳥為食亡；有錢能使鬼推磨。有了金錢，就有了征服別人的能力和手段，就能達到控制的目的，就能成為強者，就能成為領袖。

逆境中的8號具有反社會性，可能貪色、貪財、貪權。當然，權利、地位、金錢、美色一直是8號積極追求的，只是在逆境中表現得更突出。因為他們喜歡被人視為有權有勢有錢的人、英雄人物、說一不二的強者。

《紅樓夢》中的王熙鳳就是逆境中的8號的典型代表。

8號喜歡控制，具有管理能力，能明察秋毫，能透過錯綜複雜的表象，抓住核心，非常有控制局面的能力。王熙鳳能把龐大的榮國府打理得有條有理，這本身就是她才能的體

現。秦可卿稱讚她是個脂粉堆裡的英雄，連那些束帶頂冠的男子也比不上。王熙鳳的管理才幹，在協理寧國府的過程中得到了充分的表現與施展。她發現寧國府在管理上存在五大弊病——頭一件是人口混雜，遺失東西；第二件，事無專執，臨期推諉；第三件，需用過費，濫支冒領；第四件，任無大小，苦樂不均；第五件，家人豪縱，有臉者不服約束，無臉者不能上進。

8號追求權勢，在王熙鳳的身上有兩處體現：一是千方百計取得賈母的歡心。因為賈母是整個賈府至高無上的統治者，取得了她的信任，就等於取得了在賈府的統治權。同時，賈母年事日高，壽命必不長久，因此，王熙鳳想為自己找到一個更穩妥的靠山。在她看來，金錢是最好的靠山。另外，在那個男尊女卑的社會裡，男子可以三妻四妾，可以尋花問柳，而女子必須從一而終。她的丈夫賈璉，一次次把「腥的」、「臭的」拉到屋裡，甚至在女兒出天花，鳳姐過生日時也不例外，當賈璉持劍當眾追殺她時，平時最疼愛她的賈母也只是輕描淡寫地說：「小孩子家饞嘴貓似的，免不了的。」可見，在這個封建大家族中，鳳姐根本得不到任何支持。

只有金錢能讓她保持自己的地位和尊嚴，同時為自己留一條後路，也是唯一有效的自我保護措施。

在這個封建大家族中，她知道自己的地位並不穩定。王夫人自私，關鍵時候只會事不關己高高掛起；至於邢夫人早就妒忌她這個兒媳婦，想把她搞垮；那些小姑們，也在心裡嘲笑她目不識丁；丈夫賈璉也成了她的仇人，站在她的身後虎視眈眈等著抓她的錯，想把她置於死地；平兒表面上是她的得力助手，但也存在私心，想借著她的權勢向上爬。

於是她就利用這有限的、隨時可能過期作廢的權利放高利貸，收受賄賂……來實現她心中的自我價值。

因為這些因素的存在，使得非常有管理才能的王熙鳳表現出逆境中的8號對金錢的占有慾。在《紅樓夢》中，突出的表現就是她的「貪」。她想盡一切辦法來撈錢。採用的方法有：公款私用，胡亂報銷。元春歸省，賈府準備大規模迎接，王熙鳳派賈薔到蘇州採買，預算三萬。賈薔及其同黨賈蓉臨行前向王熙鳳有所請示，直接說：「你老人家要什麼，開個賬兒帶去，按著置辦了來。」因為管理者的「貪」，賈府裡供應的化妝品質量很差，小姐甚至大丫鬟們都不肯用，寧可自己掏月錢另買，其原因極可能是該專項費用已有相當一部分向主管者進貢了。

王熙鳳常常搞權錢交易。賈芸要謀一個在大觀園裡管種花草樹木的差事，就得先給她送禮，把關係弄好了才能上任。第三十六回中，王夫人手下的大丫鬟金釧死了，要遞補一名，這一職務的薪水每月一兩銀子，不少僕人有意為自家女兒謀取，於是紛紛向王熙鳳送禮行賄，她的態度是「這可是他們自尋，送什麼我就收什麼」，她故意拖延人事任命，「等那些人把東西送足了，然後乘空方回王夫人」，把人選定下來。她賣人事指標不是只賣得一份好處，而是能賣出好幾份來。

另外，她還推遲月錢的發放，挪用公款去放高利貸，其利息動輒數百兩銀子，全部下了私囊；在第十五回中她還包攬詞訟，一舉索取人家三千兩，結果逼死兩條人命。

作為賈府的大管家，王熙鳳一方面表現出了極高的管理才能，另一方面又熱衷於中飽私囊與賣弄個人權威，以此作為個人保持不敗的手段。當然她在以權謀私的同時，也給賈家的衰敗埋下了導火線。

8號對權力熱心，對財富熱心，相信金錢的力量。王熙鳳自己病越重，精力越不夠用，越要勉強支撐，越要緊緊地抓住權力直到自己死亡為止。正像作者給的「判詞」：「機關算盡太聰明，反算了卿卿性命」。

8號的生活樣貌

8號性格在行為層面表現出喜歡競爭，追求權勢，掌握主導權。這幾年，在房地產市場，「地王」頻出，就是8號的表現。房地產行業的特點就是資金投入大、利潤豐厚，但土地是稀有資源，所以有些人就靠雄厚的資金實力，勇拔頭籌，力壓群雄，將土地使用權收入囊中。

8號的事業就是以資金的佔有、支配來衡量強弱的，資金雄厚就體現實力強大。在金融領域，8號把競爭看成是貨幣戰爭；在能源領域，8號把競爭看成是石油戰爭；在食物食品領域，把競爭看成是糧食戰爭、水資源戰爭。他們喜歡以「戰爭」的思維來看待競爭，靠實力說話，時刻提醒自己要掌握主導權。

他們希望自己能一直做強者，能使事業一直保持下去，永遠立於不敗之地。對於挑戰，他們永不言棄，誓不低頭。建立百年企業，保持基業長青，這是8號的追求。那些能在多年的企業競爭中，不被淘汰下來的，市場表現非常卓越的企業，大都具有8號的特點：有強烈的風險防範意識，自律自強，同時又勇於進取，不放過每一個擴張的機會。

8號的金錢意識特別強，他們把擁有資金的多少看成是競爭力大小的表現，所以他們對資金擁有量矢志追求。像上市融資的事是8號非常願意做的。通過貸款、融資等手段，聚集資金，把事業做大，靠規模和實力來獲得競爭優勢，是他們最慣用的思維模式。

他們在思考某個項目的時候，優先考慮的是這個專案需要花多少錢，能給自己帶來多大的好處。有時候，只要有10%的成功機會，他們也樂於嘗試，而很少將風險考慮進去。他們把進攻當成是最好的防守，風險意識淡。成熟的8號通常是計算過風險，把失敗可能付的代價想好了，然後全力以赴。電視劇《杜拉拉升職記》中有一句話，就道出了8號在面臨專案決策時的心理：「大老闆問話的常見規律是：有預算嗎？潛臺詞是有錢嗎？公司流程關於這類專案的花費有什麼規定？潛臺詞就是這符合政策嗎？做這件事情的好處是什麼？潛臺詞是為什麼要做？不做的壞處是什麼？潛臺詞是可以不做嗎？」

8號是善於冒險的領袖。在生活中，8號的另一個表現是，他們是典型的白手起家的創業者。他們的事業是由小到大、由弱變強，一步一步發展壯大的。《闖關東》中的朱開山就是這樣一個8號創業者。

他是一位頗具傳奇色彩的平民英雄和「草莽商人」，在清末義和團運動中是一位民族英雄。義和團運動失敗後，他走上闖關東之路，在廣袤荒涼的土地上和妻子兒女們白手起家，一路拼搏，最後一舉成為哈爾濱地區的重工業富商。

他在危急關頭所表現出的臨危不懼，遇事不驚，審時度勢，完全展現出了8號的性格特點。當他與對手實力對比懸殊時，他不逞一時之勇，為取得最終勝利會忍辱負重。當形勢變化或對手的破綻露出時，他會毫不猶豫地出手，給對手致命一擊。與土匪老蝙蝠，與金把頭、內奸，與潘五爺，與森田的鬥爭，無不表現出他的靈活機智。與其子朱傳武不顧一切的猛勇相比，他顯得更加老道和深沉。

《三國演義》中，各路英雄比拼的就是實力。誰佔有的土地多，誰的地位就突出。3號的袁紹沽名釣譽，追求虛名，有其名卻無其實。8號的曹操就非常注重積累實力，他最終也是靠實力擊敗了各路諸侯，當上丞相。按他的實力，就是當皇帝，也是有可能的，只是他怕遭到正直之士的反對，怕對手們聯合起來反對他，所以才不敢貿然廢掉皇帝，自己來當皇帝。雖然他的家世也不錯，但到他那時已經比較落魄了。他一開始走上仕途，只是擔任洛陽北部尉，職位並不高，但他就是靠自己的打拼，一步一步掌握魏國的實際大權。他的故事，與白手起家的創業者是一樣的。

流行的電視劇中，《潛伏》中的翠平、《媳婦的美好時代》中的李若秋都是8號性格。

《潛伏》中，翠平是女遊擊隊長，她潑辣、有膽識，不怕冒險，做事直接，表現出了鮮明的領袖風範。

李若秋是一個負面的8號，不過他的3號特點也很明顯，想來3號得分也不低。明顯的特徵就是相信金錢的力量，相信沒有金錢解決不了的問題，而且控制慾強，總扮演一個強者的角色。他主動提出和毛豆豆分手，就是因為他認識了一個富家女，這個富家女能幫助他實現迅速賺錢的夢想，儘管他並不愛那個女孩。後來，等到他足夠有錢了，覺得自己足夠強大了，又回過頭來找毛豆豆。這時，毛豆豆已經嫁給了余味，但他不管，霸道十足，幾次三番地去毛豆豆家、余味家，甚至毛豆豆的公司，並通過種種手段來達到離間他們夫妻，將毛豆豆弄回自己身邊的目的。對於外界的評價、毛豆豆自身的想法，他都不顧，非常強勢非常霸道，顯得非常自私，征服慾和控制慾都極強。

最典型的一次是，毛豆豆不堪他的騷擾和糾纏，辭去了電梯工的工作，李若秋讓手下的經理無論如何找到毛豆豆：「我只要結果。」毛豆豆去姚靜的廣告公司上班，他又設法讓毛豆豆負責和自己公司的專案接頭，以增加多接觸的機會。在李若秋看來，自己就是強者，別人都必須服從他。

當然，他認為的「強」是靠金錢、靠權勢堆壘起來的，這也從一個方面說明，8號是用本能（九型人格的其中一個核心——膽）工作的人，絕對的生存第一位。在這一點上，8號和3號有點像，都追求名利，都相信金錢的力量。劇中的白雪，是毛豆豆的同事和好友，她就是一個3號，所以她後來與8號的李若秋結婚了，也算是找到了一點共同點。

8號性格與國家：德國

德國文化是一種強者文化。8號性格就崇拜強者，希望做一個能控制局面的強人。德國哲學家尼采提出了「權力意志」哲學，要否定一切使人懦弱和衰竭的東西，只有擺出強者的姿態，才會得到尊重。

馬丁．路德曾經說過一句話，「即使我知道整個世界明天將要毀滅，我今天仍然要種下我的葡萄樹」。這句話充分顯示了8號性格的踏實和堅毅、不肯屈服的特質。

俾斯麥曾以「鐵血政策」統一德意志，就是靠實力、靠征服來實現目標的。後來，德國又發動了兩次世界大戰，打「民族主義」牌，挑戰世界，妄圖達到主宰世界的目的，以顯示他們比別人優秀，強迫別人接受他們的生活方式。這是逆境中的8號性格的負面特徵。

德國的國徽是一隻尖嘴利爪的鷹，鷹的特性是勇猛。這是8號崇尚的性格特點。德國的許多公共場所採用的裝飾銅像，多半是獅子、馬和肌肉結實的男人。這說明德國人崇拜強者，希望扮演強者。力量正是他們渴求的東西，他們希望通過力量來達到控制與征服的目的。

8號有極強的控制慾和好勝心，追求權勢。德國的那些企業家，他們渴望權力遠遠勝於追求金錢，甚至在今天，促使他們拼命的不是追求更多的財富和生活享受。在8號性格者的眼裡，權力遠比金錢重要得多。

德國的工業製造也非常了不起。他們有聞名世界的賓士、BMW、西門子等大企業。這些企業的成功也有鮮明的8號性格特徵——長期的專注和堅持，做這個行業的翹楚，集中所有資源發展自己的競爭優勢從而超越對手。「德國製造」可以說是品質保證的代名詞。他們對標準有近乎狂熱的追求。著名的國際ISO標準就是參考有近百年歷史的德國工業體系標準設立的。德國在世界汽車發展史上表現卓越。他們生產的汽車體大、豪華，盡顯霸氣和王者之尊，是實力和身份的象徵。

8號性格者一直比較直接，不喜歡兜圈子。一般來說，德國人比較簡單直接，辦事往往不繞圈子，直奔目的而去。這是非常典型的8號特質。

具有8號管理風格的德國企業與具有3號管理風格的美國企業有很大不同。德國企業更注重長遠發展，所以他們一般只進行年度報告，而3號性格的美國企業一般每個季度都要做一次總結報告，短期成就感特別強。8號性格的企業著眼於長遠，往往能笑到最後；3號性格的企業往往更靈活。

認真、嚴謹是德國人給世人最多的印象。從事管理工作的人都知道，德國的酒店行業並不發達，但世界上五星級豪華酒店的總經理當中，德國人卻是最多的。為什麼呢？因為酒店就像是個小社會，需要一套強有力的體制和鐵腕型的人物，而德國人的性格正好符合這樣的要求。所以世界各地的酒店通常都喜歡僱用德國人來管理。

8號的管理風格是要求下屬服從，聽從指揮，他要做控制者和指揮者。交響樂肯定是

8號喜歡的音樂形式。交響樂首先出現在十六世紀的德國，在此之前，合奏是很少見的。現在，一般的交響樂團都有大約100種樂器，但每一個演奏者都要服從於指揮的意志和交響樂的需要。可以說，在一個交響樂團裡，樂隊的指揮有無上的權威。

德國企業培養管理者的方式，也具有8號的風格。第一，他們採取所謂的輪職制，讓每一個企業成員在每個職位上都得到鍛煉，以培養他們的實力；第二，企業軍事化的組織結構及管理風格，有明顯的等級制度。這絕對是8號管理者才喜歡的管理方式。

8號性格務實，不喜歡玩花樣。這一點也符合德國的國家性格，簡單，重視本質，捨棄花俏的東西。比如說自助餐這種用餐方式，就是德國人發明的。在德國，自助餐小店特別多，顧客自己拿盤，拿叉，沒有服務員，非常實惠。

8號性格具有強烈的報復心理，他們會對傷害了自己的對手進行反擊。歷史上的德國對付猶太人就是如此。我們都知道，猶太人非常聰明，很會賺錢，所以擁有大量的社會財富。以前在德國的猶太人多數是金融家、銀行家或高利貸者，這讓日爾曼民族的自尊心受到了挑戰，他們感覺不公平，所以非常仇視，於是展開了報復行動。對猶太人的迫害就是一個例子。

德國的足球也能體現德國的國家性格。迄今為止，在歷屆世界盃足球賽上德國是三屆冠軍、四屆亞軍、兩屆季軍。1954年，他們以弱勝強，創造了「伯恩奇蹟」；1974年，他們採用了「自由人」戰術，開創足球史新紀元；1990年，「足球皇帝」貝肯鮑爾成為唯一一位以球員和教練兩種身份贏得世界盃的足球運動員。在球場上，我們可以看到，德國球員在整個比賽過程中，無論輸贏如何，都不會有太大情緒上的波動。「德國戰車」在足球場上有一種不屈的鋼鐵意志，他們的每個隊員就像環環相扣的零件，緊密和堅固，在任何情況下都毫不退縮和動搖。他們的目標明確，作風強悍，勇於進攻。

8號性格解析：

（1）與8號打交道的技巧

8號喜歡把人分成兩派，朋友或者對手，所以要取得他的信任，就要先向他表明你的立場與他是一致的。

與8號說話的時候，要保持眼神接觸，立場堅定，不要兜圈子，有話直接說。不要與他辯論，否則他會把你的行為當成是一種挑戰，會激起他的怒火。如果你把真相說出來，他會尊重你。

另外，讚美對8號也沒什麼影響，他不需要別人稱讚。你可以提醒一下他，他的強勢，讓別人不舒服；提醒他小心大嘴巴惹禍，發表意見要謹慎，要三思而後言。

不要期望8號能妥協，但只要是一個公平的意見，實現雙贏的結果，8號是會接受的。

最關鍵的是，在與8號打交道的過程中，一定要讓他覺得是他一直在掌握主動權。為了幫助8號意識到自己的不足，可以讓他去見識一些大場面，這樣可以更新他的觀念。

（2）對8號的建議

8號喜歡建立清楚的規則，但也一定要注意，你又常常有人為打破規則的衝動。如果你是管理者，這是一個大忌，會讓下屬無所適從。

8號要學會放權、授權、分權。有時候，獨斷專行會給人霸道的感覺。要學會欣賞別人，多給別人一些鼓勵和讚美。別人表現得好，你就要說出來，不要吝惜讚美之辭。這會使你更容易親近。8號要善於聽取別人的意見，在和別人溝通的時候，要學會聆聽，要善於感受他人的感受，不要總以自我為中心。允許他人堅持不同的觀點，儘量認識到各個觀點之間的相互聯繫。8號要學會暫時壓制住自己的情緒，不要馬上就發洩出來。最好把自己的想法和感受記錄下來，和自己的強迫性健忘做對抗。

當問題出現的時候，不要總是從外界找原因，反思一下，問題是不是出在自己身上。最後，當意識到自己犯錯後，應該立刻承認錯誤，檢討自己，不要掩飾。有愛心、寬容、自省的8號更有人格魅力。

（3）8號適合的工作

8號不習慣嚴格遵守規則，也不喜歡待遇不公的地方。8號喜歡控制，有組織和指揮才能，喜歡挑戰、喜歡競爭、喜歡贏！所以擔任管理者、指揮和領導者都是比較稱職的。

8號不怕吃苦，一旦從事認定的工作，就一定能脫穎而出！他們可以是出色的演員、武術教練、運動員、企業家、銀行家，也可以是老闆、創業者、CEO、總裁、演講家、培訓師、策劃師、高官等等。

第九型

9號 平平淡淡才是真

——內心平和的協調者

9號最根本的恐懼，是害怕失去、分離、以及被殲滅；他們的基本慾望，是維繫內在的平靜和安寧；他們對自己的要求是：只要我內心是平靜的，生活是安穩的，就OK了。

9號的人充滿了矛盾，害怕衝突，易於妥協。**9號**對於他人的需求十分敏感，往往比對方更瞭解他們自身的需求；但**9號**的人對於自己的需求卻總是不確定。

9號喜歡做調停工作，愛好維持和諧、安詳的環境。他們為人親切，不會直接發脾氣。在情感上，**9號**順其自然，有時候甚至為了維護他人的地位和形象，因而完全聽從對方的意見。

9 追求和諧的人生態度

9號性格講究平和，不走極端，追求人與人之間的和諧相處，平和也是內心的和諧。他們認為和諧是最好的人生態度，中庸是最好的處世方法。

老子的思想最能體現9號的性格特點。

老子有著深邃的哲學思想，被譽為中國哲學之父，是道家思想的創始人。老子有他的哲學觀、宇宙觀、價值觀、政治觀和方法論。

老子的整個哲學體系的核心範疇是「道」，他提出了天道無為的思想，認為「道」是天地萬物的本源。「道」在老子心目中是無形、無象、無體的，「道生一，一生二，二生三，三生萬物」。

老子認為，道是本源，道生萬物，是萬事萬物的總根源。道作為本源，是渾然一體的東西。按照老子的意思，道在表面上是無序的，但實質上卻是有序的、和諧的。老子說：「知和曰常，知常曰明。」即是說，知道追求和諧的人，才是一個聰明的人。

老子認為，天下都知道美之所以為美，醜的觀念也就產生了；都知道善之所以為善，

惡的觀念也就產生了。老子認為即使有對立，矛盾兩方面仍相互依存，應和諧共處。

那麼如何實現和諧呢？老子提出了適度原則。凡事都要適度、適中，不要過分，要做到無過無不及，即達到一個平衡點，達到一個最佳狀態。

在物質上要「知止」、「知足」。老子說：「名與身孰親？身與貨孰多？得與亡孰病？是故甚愛必大費；多藏必厚亡。知足不辱，知止不殆，可以長久。」在物質利益面前若沒有一種「知止」、「知足」的態度，就會妨礙和損害他人的利益，造成人與人之間的利益衝突。同時，也不要過多地挑剔苛求完美，懂得適可而止，懂得接受不完美。這也正是9號性格的特徵，不追求完美，凡事不必太記較；與人為善，不要太爭個人的利益。

老子說：「將欲取天下而為之，吾見其不得已。天下神器，不可為也，不可執也。為者敗之，執者失之。是以聖人無為，故無敗；無執，故無失。」意思是不要走極端，不要奢侈，不要過分。所以9號特別容易滿足，沒有過高的物質要求，容易有幸福感。

老子說：「美言不信，信言不美。」他認為誠信是人際關係的重要原則，通過揭示美言與信言的區別，提示我們交往中要講誠信。9號一般都是說到做到，不輕易承諾，作出了承諾基本上都能兌現。

老子說：「道常，無為而無不為。」他認為「無為」不是什麼都不做，而是含有不妄為的意思。「學不學，復眾人之所過，輔萬物之自然而不敢為。」老子認為「自然」就是允許按照自己的需要發展稟賦，使一切得以和諧平衡。9號作出改變都是環境迫使的，很少有主動改變的情況。

9號性格凡事都順其自然、順勢而為，追求和諧。同樣的，在政治上，老子主張無為而治、不言之教。

老子的價值觀是以無、道和德為核心。老子的政治觀是無為，無為就是清淨守一。老子無為的政治理想就是：鄰國相望，雞犬之聲相聞，民至老死不相往來。老子說：人修道，要達到合於道的境界，就會有所為而有所不為。

9號大部分都是很長壽的，傳說中的老子長得慈眉善目。孔子描繪老子的樣子：慈眉善目，額頭寬厚，嘴唇很厚，目直口方，猶如人中之龍也。

9號是最好的老師。老子教給我們的是辯證法，其核

心就是道，道就是自然規律。老子的思想，直到他死後200年才被人所知，2500多年來老子的思想一直在流傳，可見他的思想之博大精深。《道德經》是迄今中國被翻譯最多的文字經典，有1000多個海外版本，不但教育了我們中華民族，而且也教育了全世界的人。他的思想全部蘊涵在這5000多個字中。

要求不高的「好好先生」

《西遊記》中的唐僧是個正面的9號性格，是一個典型的「好好先生」。他要求不高，對金錢無所取。人家送他江山，他不要；送他錢財，他也取足夠作盤纏之用的即可；不為美色所動，從女兒國國王、蠍子精、老鼠精，到玉兔精都要以身相許，他也不為所動。

他上西天取經，像聖人一樣，不食人間煙火，一路上話很少，但他的思維非常縝密，事無巨細，他都能看到。除了守戒，在日常生活中他對自己的要求也並不鬆懈。為了早日取到真經，他會在四更天就早起行路；寧可忍著饑餓也不肯吃別人的飯菜；當徒弟們已睡著後，他還要挑燈夜讀，溫習經文。

第四十八回中，唐僧在通天河畔有一番慨歎，在他眼裡，取經人與一般人並無不同之處，為名為利，各取所需。這說明他是有大智慧的人，不是表面上那樣的迂腐之人。

他目標清晰，意向強烈。他每次向陌生人自我介紹時都說「貧僧從東土大唐而來，去往西天取經」，可見其目標明確，意志堅定。

遇到衝突的時候，他寧可回避，也不願意面對問題。在孫悟空三打白骨精時，白骨精變成的村姑、老婦人和老公公，唐僧對他們都非常好。

當孫悟空打死了他們，唐僧便嚴厲懲罰孫悟空，還要趕走孫悟空。孫悟空要打白骨精化成的老婆婆，可能他知道這是妖怪變的，但他也不讓孫悟空打。他的想法是，沒有必要惹她，只要她不傷人，各走各的道就是了。所以在《西遊記》中，唐僧在遇到妖怪的時候，寧可繞著走，也不主動降伏妖怪，只是要求妖怪不要再作惡就行。

在通天河前，唐僧先問三位徒弟誰想背我過河，三位徒弟正在爭論時，唐僧便試圖自己淌水過河了，不想求助三位徒弟。可以看出，9號是不願意麻煩別人的。

9號與人為善，所以修行的人中，9號性格者居多。在比丘國聽得國王要吃小兒心

肝，他滴淚大罵「昏君」；鳳仙郡三年大旱，他於心不忍，讓悟空「與他求一場甘雨」；對遇難的路人，他毫不猶豫地相救。孫悟空說他「師父要善將起來，就沒藥醫」，可見他的善良和仁愛。

唐僧一心向佛，見到黃眉怪住的小雷音寺，也沒有細辨，一看「雷音寺」三字，便連忙下跪磕頭。他處處以慈悲為懷，悲天憫人；他胸懷天下，為了求取真經而不惜遠行，惠及黎民百姓，並在所到之處宣揚佛法和親民敬君思想。有時候，他的慈悲容易給人留下迂腐、頑固的印象。

9號性格也是專家類型。比如說，生活中處處碰壁的唐三藏卻有著出類拔萃的才學。對於佛教經典的精通自不必說，在第十一回正式出場前作者就點出其「千經萬典，無所不通；佛號仙音，無般不會」。而取經路上幾次證實了這一點，如雙叉嶺誦經圓滿超度了劉父之魂；木仙庵講禪語辭玄妙，宏大精微；布金寺前介紹寺名來歷頭頭是道，已可看出其博學多識，佛法精深。而行動力差，學問做得好，追求知識，對物質生活要求比較低正是9號的性格特點。

唐僧是9號性格成功的典範。儘管西天取經歷經坎坷，機關重重，妖魔鬼怪出沒，但唐僧從沒退縮，堅持往西方走，終於經歷了八十一難，來到了真正的如來佛祖面前。作為一個學者，他非常自律堅持，不為美色所動，不為金銀財寶所動，不為死亡所屈服，歷盡千難萬險，給我們的啟發是：世上無難事，只怕有心人。9號只要目標清晰，自律堅持，不怕慢，不會站，一定可以達到理想的成功彼岸。

9號是最善於建立團隊的管理者，像孫悟空這樣桀驁不馴、神通廣大的3號性格，像豬八戒這樣喜歡享受、好逸惡勞的7號性格，像沙和尚這樣猶豫不決、惶恐不安的6號性格，都可以被他領導，一團和氣，但又不耽誤正事，順利地完成了西天取經的重任。作為一個僧侶，唐僧一路上行善好施、除暴安良，播撒著善良的種子。作為這個團隊的領頭人，他經常教誨大家：出家人要以慈悲為懷，而且他也是這樣做的，最終得以成功。

9號上司喜歡按原則辦事，肯走妥協路線。無論遇到什麼事情，他都會按原則辦，以避免與人發生衝突，但只要不改變原則上的最低底線，他也會妥協。所以，要想使9號上司改變，得慢慢來，他害怕發生巨變，改變一點他有時候也是可以接受的。這從另一個角度，也能說明9號是要求不高的「好好先生」，講規矩，但又不是很嚴格。

比如說，唐僧雖嚴守佛門戒律，自己不曾飲酒，但對自己的徒弟，就不那麼嚴格了。

他允許自己的徒弟飲酒，只是要求「不許醉飲誤事」，這就是底線。唐僧堅持佛教原則，但在危急關頭也能加以權變。第十四回中，他為了讓悟空穿戴觀音所賜的衣帽竟然「順口兒答應」地撒起謊來。這是違反佛教徒不撒謊的戒律的，但他出於善意，還是懂得變通的。在第五十五回，他被琵琶洞裡的妖怪捉去，為了孫悟空能夠順利降妖，他就與女妖虛與委蛇，積極周旋，甚至敬酒獻桃。

所以，9號上司的管理方式就是照規矩辦事或走妥協路線，不對抗，一切都為大前提服務。

成功都是被「逼」出來的

9號做事喜歡順其自然，不刻意強求，而且充滿樂觀精神，和藹可親，所以9號的成功往往是被「逼」出來的。美國總統隆納·雷根就是被「逼」成功的9號。在他就任總統的二十世紀八〇年代，正值冷戰後期。「挑戰者」號出事後，他的演講撫慰了美國人受傷的心。

《道德經》中有一句話：「治大國若烹小鮮」，意思是說治理一個大國和煎小魚是一樣的，不能胡亂折騰，要順其自然。雷根總統看到這句話後，非常認同，他把這句話寫進了他的國情咨文中。

雷根上任之初，美國正面臨著一場「經濟上的敦克爾克大撤退」，經濟負增長，通貨膨脹高達兩位數，利率高達20％。

但在他1989年發表告別演說時，美國經濟已經進入了一個繁榮時期。通貨膨脹和失業率都比上任之初大幅度下降。

雷根是美國歷史上第一位「影星」總統，美國歷史上宣誓就職時年紀最大的總統，去世時是美國歷史上最長壽的總統（於2004年6月5日去世，享年93歲）。他還是美國歷史上第一位有過離婚經歷的總統，但同時也是最幸福的總統之一。他曾被民主黨譏笑為「親切的傻瓜」。雷根輕鬆、幽默，善於溝通，這些正是美國人最欣賞的性格特點。他並不是十全十美的，也有弱點，但由於人緣好，他的許多瑕疵被忽略、被原諒了。他任何時候都能談笑風生，很有幽默感，非常有人緣。

他當過空軍，做過節目主持人以及通用電氣發言人，在20多年的演藝生涯裡塑造過50

多個形象。他曾是民主黨的一員，後轉投共和黨，69歲入主白宮，上任不久遭槍擊險些命喪黃泉。執政期間對內大力降稅，擴充軍備，對外與蘇聯展開軍備競賽，結束了七〇年代的經濟滯脹。雷根在擔任總統前，1937年進入好萊塢開始了27年的演藝生涯，他在銀幕中的鄰家男孩形象深入人心。

雷根第一次當選總統時，美國正處於艱難時期。整個國家還沒有從越戰的陰影中走出來，經濟發展緩慢，社會動盪，人們對政府的信心下滑得很厲害。在國際上，蘇聯咄咄逼人，佔有優勢。

雷根上任後，一方面在國內減少政府對經濟的干預，縮小政府規模，減少稅收和社會福利，從而推動了經濟的有力發展；另一方面，對蘇聯重新採取了強硬的態度，不斷增加各種預算開支，利用美國的技術優勢積極開展與蘇聯的軍備競賽，最終達到了從經濟上拖垮蘇聯的目的。

雷根任內也經歷了數次嚴重的政治醜聞，並導致不少官員和幕僚被定罪，但他仍然得以安然渡過這些危機。

9號是樂觀的，1981年3月30日，剛上臺兩個多月的雷根在華盛頓的街上被人槍擊，一顆子彈打在貼近他心臟的地方。全國都震驚了，但很快這種震驚就變成了感歎！人們驚奇地發現，他們的總統在被推入手術室時，還咧著嘴笑著對醫生說：「請讓我放心——你們都是共和黨人！」並對他的妻子南茜說：「親愛的，我忘了躲了！」當他手術後從麻醉中醒來時，做的第一件事竟然是講笑話給醫生們聽，安慰他們，同時把紙條傳給守候在外的白宮官員。溫斯頓．邱吉爾說過：「人生最快樂之時乃是身中槍彈而大難不死。」外界評論他是「吃了槍子還能保持笑容」的總統，「在重壓下依然保持沉著穩重」，做人質樸真誠。令人感慨的是，雷根後來還原諒了刺殺他的人。

雷根當選時已經是快70歲的人了，對美國人來說，他真是有點老了，美國人喜歡年輕的總統。在對全美直播的電視競選演說中，對手攻擊他「太老了」，但雷根幽默地回應說：「我可不想在這裡大談年齡，免得對手尷尬。」言外之意是說對手「太嫩了」。這句話引得全場大笑。

由於他始終保持著樂觀的人生態度，總是那麼幽默，又樂於同朋友們一起聊天、打牌、運動、吃飯等等，所以他總是吃得香，睡得甜，幾乎從未失眠過。

9號是有遠大理想的人。雷根被譽為「偉大的溝通者」。作為美國歷史上年紀最大的

總統，雷根不太過問日常政務的細節，被公眾認為是甩手掌櫃。雷根的管理方式最大的特色就是善於溝通。在他被稱為「總統先生」以前，被人們稱作「偉大的溝通者」已經很久了。雷根本人如同他所飾演的角色一樣令人感到和藹可親。聽眾聽了他的演講後，能感覺放鬆。他的話深深地打動了美國人的心靈。他通過講故事的方式，使美國人重拾自信心和核心價值觀，用耐心感召人心。

9號能高瞻遠矚，也能沉下心來慢慢想問題，願意為大前提策劃。他們經常是不為人知的理想主義者。

1989年1月11日，雷根在他的告別演說中給自己這樣的評價：「我不是一個偉大的溝通者，但我所講的內容都是宏圖大業。」他的演講往往首先展現給大家的是一幅美國的理想前景，是國家的復興，他所堅持的政策就是實現這個目標的戰略。

9號作為上司，一般不肯扛大旗，不想扮演自己的角色，對自己的要求也不高，突出的表現就是他的管理風格就是善於授權，不喜歡控制，只做自己喜歡做的事。9號能夠成功，往往是在壓力下被「逼」出來的。

雷根與前任卡特總統事必躬親不同，他崇尚無為而治。就像在拍電影一樣，雷根只把精力用在最緊要的關頭，而不考慮整個攝製工作。這一工作自有別人負責，關鍵是要保證雷根的主角地位，保證他隨時都能有出色的表現。雷根很喜歡睡覺，並且只要睡個好覺，就會變得神采奕奕。

雷根與第二任妻子南茜超過50年的婚姻也符合9號性格特質。50多年來，他們兩個人一直相濡以沫，是美國人民羨慕的一對恩愛夫妻。9號希望與伴侶互相融合，建立一種和諧、穩定的關係。雷根把南茜親切地稱為「我的媽咪」。曾有記者問南茜，她與雷根幸福婚姻的秘訣，她說：「婚姻不可能實現真正平等，其中一方總要付出更多和學會妥協。這50年來，我們就一直在實踐著這種付出和妥協。」

9號會把伴侶的興趣愛好當做自己的興趣愛好，把伴侶當做自己的參照物，而且善於感受對方的感受，無條件地尊重對方，懂得妥協。

9 消極抵抗的高手

表面上看起來，9號沒有個性，沒有原則，肯走妥協路線，這樣也可以，那樣也可

以。實際上，9號有內心的底線，而且不輕易改變。他們習慣按一套標準操作，按一套思路行事。在固定的秩序中，他們如魚得水，害怕改變。但如果外界情況改變了，他們能慢慢地作出調整。

《士兵突擊》中的許三多就是這樣一個典型。他從下榕樹村來到連隊，最開始很不適應新的環境，與周圍的人與事格格不入，適應能力比較差，不能做出適時的改變；後來他離開了鋼七連，進入老A系統，一開始也不知道怎麼辦。9號適應新環境需要一個過程。從內心上說，他們害怕改變，尤其是劇變。他們追求安穩。許三多的笨拙與遲鈍，一定程度上是抗拒環境的變化帶來的。當他適應了新環境後，我們可以看到，他的表現還是非常出色的。

9號的內心抗拒改變，對於改變，他們內心是排斥的，但又不表現出來，往往以消極抵抗的方式，來表達自己的不滿或者是否定意見。

在別人看來，9號比較軟弱，實際上9號自有內心的主張，只是他不喜歡說，不喜歡刻意搞對抗而已。其實在他的內心，是堅決不肯妥協的，不肯改變的。

高連長稱軍人要養成戰鬥精神。他說：「只要你們一起床，就進入了戰鬥，如果你們喜歡，這就是戰鬥精神。」許三多說：「我想說我喜歡，可是他不喜歡我，所以我永遠都不敢跟他說這句話。凡是高連長講話的時候，他的目光就好像跨越障礙一樣，直接從我身上跳過去。」連長看到許三多犯錯誤，罰他寫5000字的檢查，指導員在旁邊開導他：「連長這是對你好，知道連長為什麼對你這麼好嗎？」許三多說：「知道。」指導員繼續問：「具體知道什麼？」他說：「連長這是鍛煉我的寫作能力！」9號性格既肯妥協又很配合。

9號的消極對抗和消極抵制反映在哪裡呢？

在特種兵訓練時，許三多的教官齊桓跟他住同一間宿舍，晚上齊桓一邊洗腳，一邊對在檯燈下寫字的許三多說：「老A才是老大，知道嗎？什麼叫A？ABCDEFG，A才是老大！」許三多接了一句：「那怎麼和鋼七連打了一個平手？A是不是也分大A和小A？團長說過一句話，『在知道和得到之間還有兩個字，那就是做到』，你做給我看看。」許三多就是這樣的消極抵制，自己不開心，把

假裝世界上除了你沒有別人，假裝你已經死了，誰也不用想…

別人搬出來做擋箭牌。

9號的情感是抽離的，人也喜歡玩隱形。《士兵突擊》裡的許三多是一個典型的9號。有一天他躲進了裝甲車，自言自語道：「我發現戰車的另外一個用處：你可以把自己關在裡邊，假裝世界上除了你沒有別人，假裝你已經死了，我不再想爸爸、哥哥、班長、老馬。」在受到挫折後，9號就玩起隱形來了。這是9號避免受到傷害的方式，也是他擅長的、習慣性動作。

9號內心平和而自律，容易滿足。他們比較懶，甘於現狀，不求改變，所以在壓力下才有可能成功。而且他們的成功都是一點一滴累積的，是靠點滴工夫澆灌出來的。

剛到部隊的時候，許三多說：「新兵連的生活開始了。在新兵連我們開始學會的是一句話，準確地說是兩種動物：騾子和馬。高連長說：『是騾子是馬，你給我拉出來遛遛，三個月後，是騾子的走人，馬給我上。』在我們下榕樹，不會有人注意到騾子和馬的區別，但是連長很認真地給我們說了騾子和馬的關係。於是，我很認真地翻了字典：『騾子：家畜，馬驢交配而生，鬃短，尾巴略扁，生命力強，一般無生育能力，可馱東西或拉車。』我重點研究了騾子，因為我知道自己不太像馬，得出的答案不太叫人滿意。後來，子能忍受，能埋頭苦幹，默默無聞，是9號性格的寫照。」許三多是連隊裡最早現形的騾子，而成才是最出色的馬。馬有衝勁，有爆發力，能一躍千里；騾子是馬的問題困惑了我很久。」成才說：「馬就是天馬，騾子就是土騾子。」許三多

9號非常有智慧，大智若愚，對細節非常清楚，是很好的老師。9號的教學特點是滲透類型的，面面俱到，非常容易被細節吸引。9號學東西也是如此，對點滴都非常關注，牢記在心。在電視劇《士兵突擊》中，有一次在訓練時，袁朗問許三多：「喜歡這些槍嗎？想不想要啊？」許三多開始時回答：「這是軍隊的財產。」袁朗把話挑明瞭：「我是說想不想到我們老A去？」許三多習慣性地扭轉頭，朝班長史今看了看，然後回答：「報告，我是鋼七連第四千九百五十六個兵。」袁朗問：「算是你的回答嗎？」許三多堅定地答道：「是！」由此可見，許三多對自己是鋼七連第多少個兵這麼小的細節一直牢記於心。他對班長說：「班長，我不想當尖子（頂尖人物），當尖子太累了；我想做傻子，傻子不傷心。」這說明9號性格的他怕心靈受累，追求平和，追求心靈的平靜，不希望有什麼折磨人的事。許三多不做某事時，常說這件事沒意思。班副與他有過對話。班副問許三多：「你說說什麼事才算有意義！」他說：「好好活就有意義。」班副又問：「那你說說

怎麼就算好好活了？」許三多回答：「好好活就是做很多很多有意義的事。」這聽起來有點拗口，平實中卻非常有智慧。諸如此類的還有：「今天比昨天好，這就是希望」、「光榮在於平淡，艱巨在於漫長」。

9號就是通過抽離來對抗改變的，是消極抵抗的高手。在人際關係中，永遠不會有激烈的正面的衝突。

9號的生活樣貌

9號最突出的性格特點就是追求和諧。這裡的和諧不但包括人與自然的和諧、人與人之間的和諧，還包括內心平和。

列夫·托爾斯泰就是這樣一個追求內心平和的人。他是世界著名的偉大文學家，他對貧苦人民有著天生的慈悲心。他反對暴力，主張人與人之間能和諧相處。他曾經在自己的作品中引用過這樣一個故事：「當你被老虎瘋狂地追趕，最終逼到了懸崖，跳下去還有一線生機，不跳就肯定被老虎吃掉；當你跳下去的時候發現你很幸運地被一棵大樹接住，但不幸的是下面有個獅子正張著血盆大口等你！雖然獅子夠不到你，但你還是吃驚不小，因為你發現有一隻白老鼠和一隻黑老鼠正在咬樹根，此時你又會如何？」9號的選擇是在樹上美美地睡上一覺，因為他想：也許我醒來的時候就發現老鼠不見了！所以9號永遠是活在當下、享受當下的人，追求內心的平和，不為明天的麵包而焦慮，生活的折磨不能改變他幸福的笑容，因此，他們能更多地體驗到人生的幸福和快樂！

日本企業家稻盛和夫宣導的「活法」，也是9號的生活態度。他主張以「簡單」作為做人做事的最佳原則；以利他利公之心生活；磨礪心智日求精進。他認為，這是符合宇宙之道的個人、企業、國家、社會乃至全人類應該擁有的活法。所以，他的成功就是典型的9號性格成功之道：是專家型的，是慢慢地熬出來的，是一點點滲透出來的。

9號非常重視養生之道，對於自己的身體健康，他也追求和諧和平衡。電視上播出的養生類節目，9號性格的人很喜歡看。

電視劇《手機》中的嚴守一就具有9號的特點。老上司到任，給他主持的《有一說一》的風格帶來很大的變化，他儘管不滿意，也沒有激烈的抵制。和費老相比，他顯得平和得多。在多數情況下，他是順其自然的，所以節目的風格一度發生搖擺。只是後來發生

的一系列變故：婚姻解體、奶奶去世、新對象又離他而去，又被朋友誤解，最終在搭檔的選擇上，他才把關鍵的一票投給了伍月。這從他向上司的辭職中可以看出來。他說自己就是為了追求心靈的安寧。這就和他的主持風格一樣，行雲流水，微風拂面，清新自然。

9號非常寬容，他們力求避免人際衝突。遇到了人際紛爭，也寧可保持退讓的原則。他們常常說：「退一步海闊天空。」、「沒有必要活得那麼累，沒有比較那麼認真，沒有必要那麼計較，人生苦短，快樂最重要、開心最重要。」、「與人方便，也就是與己方便。」

9號性格與國家：印度

9號性格的代表國家是印度。9號性格的突出特點是怕衝突，追求和平、和諧，在內在的世界裡追求平和、解脫，超然物外。

唐朝和尚玄奘在其所著《大唐西域記》中對印度有這樣一段描述：「夫其俗也，性雖狷急，志甚貞質，於財無苟得，於義有餘讓，懼冥運之罪，輕生事之業，詭譎不行，盟誓為信，政教尚質，風俗猶和。」他說，印度人不貪圖錢財，為人講義氣，信奉神靈，輕生死，講誠信，民風淳樸。這比較符合9號性格特點。總體而言，印度人注重個人修行且樂善好施。

印度大部分國民都信教。佛教就起源於印度。印度人生活在精神世界裡。無論是印度教，還是佛教，都相信生命輪迴。

9號害怕與人發生矛盾衝突，怕得罪別人，容易隨波逐流。和印度人交往，你會發現印度人大多心態平和，性格開朗、熱情，總是彬彬有禮。另外，印度人不愛吵架，應該說這與印度教的非暴力思想、前世命定的思想、因果報應的思想等有著深刻的關係。

9號不會直接對抗，往往選擇消極抵制的方式來表達自己的不滿。印度的聖雄甘地發起的非暴力不合作運動就是典型的9號運動，既不與你發生暴力衝突，也不與你合作。在運動中，甘地宣導以和平方式抵制政府、機關、法庭、學校以及採取總罷工、抵制英貨、抗稅等非暴力手段進行鬥爭。他發動的非暴力不合作運動具有極廣泛的群眾性，沉重地打擊了英國殖民統治，為印度獨立奠定了基礎。

甘地曾經說：「我並不是因為印度衰弱才號召印度實行非暴力主義，而正是因為認識

了印度的力量我才號召印度實行非暴力主義。」

我們可以看到，一方面，甘地把非暴力手段當做抵抗的一種方式，並且是和平的方式，具有軟弱性和妥協性；另一方面，甘心提出這樣的策略也是有大智慧的，因為在印度這樣一個民族、宗教眾多，種姓隔離和英國實行分而治之政策的殖民地國家裡，必須先把不同的民族、宗教、教派、種姓團結起來。而此，甘地提出的非暴力不合作運動思想，最終迫使英國殖民者撤出印度。由此也可見，9號雖然表面上看起來很軟弱，實際上是柔中帶剛，充滿了大智慧。

印度婦女們的額頭上有一顆紅色或紫黑色的圓形痣，這是印度婦女一種獨特的飾物。在印度，除了寡婦和年幼的少女不點痣外，其他人都有點痣的習慣。印度人認為點痣的部位是靈感的中樞，點上後在心裡有一種悠然自得的安全感。追求內心的安寧和平和正是9號的特徵。

瑜伽也起源於印度，瑜伽的思想也包含了9號的性格特點。瑜伽是印度古老的氣功，可以強身健體。實際上，瑜伽是生命解脫法。瑜伽注重練氣，實際上是為了返本還源，然後尋找清淨本性。這個與佛教認為生命之形成來源於氣，由氣而成萬物的道理是相同的。

因此，古老印度的瑜伽就是禪的體驗，也是一種心靈解脫的方式。修習瑜伽，實際上也就是追求和諧的心靈家園。

9號性格解析：

（1）與9號打交道的技巧

與9號打交道，要多讚美他的穩定與平和。與9號溝通，最關鍵的是要認真傾聽他們，並讓他們知道你已經聽到他所要表達的意思。9號說話不夠簡潔，無法清楚地表達重點。如果你對9號有什麼要求，最好要明確、具體，並讓他給你一個清晰無誤的承諾。9號反感命令的方式，但需要權威人士的支援。要鼓勵9號不要害怕分歧，好的創意、正確的方式方法都是在碰撞中產生的。管理9號下屬，最好要與他一起擬訂詳細的工作計畫，並不時地提醒他集中於目前的目標。幫助9號找到他的需求，限制他一貫隨便的習慣。

（2）對9號的建議

9號要勇敢地從人群中站出來，不要再做隱形人。要加強行動力，停止拖拉的習慣。

9號要有自己的主張，不要保留自己的意見，把它說出來。不要總讓舉棋不定的困惑取代了自己的真實感覺和願望。工作過程中，要讓計畫有步驟地進行，設定一個最後期限，集中精力，不要被其他事分心。當找不到自己的內在需求時，可以通過排除法找到答案。

另外，不要怕衝突，不要過於照顧別人的想法，而忽視了自我，要接受自己、喜歡自己、尊重自己。

列出明天的工作計畫，先不要問後天有什麼結果。

（3）9號適合的工作

9號喜歡的工作環境是那種秩序井然、有條不紊的環境，他們適合從事辦公室工作，以及那些需要對細節進行關注的工作。不太適合講究包裝、炒作、多變的工作環境。

職業選擇上，9號善於協調人與人之間的關係，所以他們從事人事工作、仲裁工作、專案專家、教師、心理輔導、醫生、哲學家、作家、演員、團隊管理者等都是不錯的選擇；另外，9號喜歡為大前提策劃，所以調察研究工作也適合9號。

九型人格：自我人格特質的開發與提昇手冊

作　　者　中原

發 行 人　林敬彬
主　　編　楊安瑜
編　　輯　陳亮均
美術編排　于長煦
封面設計　葉鈺貞

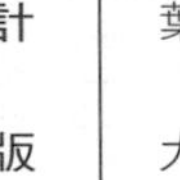

出　　版　大都會文化事業有限公司　行政院新聞局北市業字第89號
發　　行　大都會文化事業有限公司
11051台北市信義區基隆路一段432號4樓之9
讀者服務專線：(02)27235216
讀者服務傳真：(02)27235220
電子郵件信箱：metro@ms21.hinet.net
網　　　址：www.metrobook.com.tw

郵政劃撥　14050529 大都會文化事業有限公司
出版日期　2012年8月初版一刷
定　　價　280元
I S B N　978-986-6152-50-4
書　　號　Growth-049

國家圖書館出版品預行編目資料

九型人格：自我人格特質的開發與提昇手冊／中原著. 初版. 臺北市：大都會文化，2012. 08
256面；21×14.8公分.（Growth；49）

ISBN 978-986-6152-50-4（平裝）

1.人格心理學　2.人格特質

173.75　　101014305

大都會文化　讀者服務卡

書名：九型人格：自我人格特質的開發與提昇手冊

謝謝您選擇了這本書！期待您的支持與建議，讓我們能有更多聯繫與互動的機會。

A. 您在何時購得本書：＿＿年＿＿月＿＿日

B. 您在何處購得本書：＿＿＿＿＿＿書店，位於＿＿＿＿＿＿(市、縣)

C. 您從哪裡得知本書的消息：

1.□書店　2.□報章雜誌　3.□電台活動　4.□網路資訊

5.□書籤宣傳品等　6.□親友介紹　7.□書評　8.□其他

D. 您購買本書的動機：（可複選）

1.□對主題或內容感興趣　2.□工作需要　3.□生活需要

4.□自我進修　5.□內容為流行熱門話題　6.□其他

E. 您最喜歡本書的：（可複選）

1.□內容題材　2.□字體大小　3.□翻譯文筆　4.□封面　5.□編排方式　6.□其他

F. 您認為本書的封面：1.□非常出色　2.□普通　3.□毫不起眼　4.□其他

G. 您認為本書的編排：1.□非常出色　2.□普通　3.□毫不起眼　4.□其他

H. 您通常以哪些方式購書：(可複選)

1.□逛書店　2.□書展　3.□劃撥郵購　4.□團體訂購　5.□網路購書　6.□其他

I. 您希望我們出版哪類書籍：（可複選）

1.□旅遊　2.□流行文化　3.□生活休閒　4.□美容保養　5.□散文小品

6.□科學新知　7.□藝術音樂　8.□致富理財　9.□工商企管　10.□科幻推理

11.□史地類　12.□勵志傳記　13.□電影小說　14.□語言學習（＿＿語）

15.□幽默諧趣　16.□其他

J. 您對本書(系)的建議：

＿＿＿＿＿＿＿＿＿＿＿＿＿＿＿＿＿＿＿＿＿＿＿＿

K. 您對本出版社的建議：

＿＿＿＿＿＿＿＿＿＿＿＿＿＿＿＿＿＿＿＿＿＿＿＿

讀者小檔案

姓名：＿＿＿＿＿＿　性別：□男　□女　生日：＿＿年＿＿月＿＿日

年齡：□20歲以下 □21～30歲 □31～40歲 □41～50歲 □51歲以上

職業：1.□學生 2.□軍公教 3.□大眾傳播 4.□服務業 5.□金融業 6.□製造業

7.□資訊業 8.□自由業 9.□家管 10.□退休 11.□其他

學歷：□國小或以下 □國中 □高中／高職 □大學／大專 □研究所以上

通訊地址：＿＿＿＿＿＿＿＿＿＿＿＿＿＿＿＿＿＿＿＿

電話：（H）＿＿＿＿＿＿（O）＿＿＿＿＿＿ 傳真：＿＿＿＿＿＿

行動電話：＿＿＿＿＿＿＿＿E-Mail：＿＿＿＿＿＿＿＿

◎謝謝您購買本書，也歡迎您加入我們的會員，請上大都會文化網站 www.metrobook.com.tw 登錄您的資料。您將不定期收到最新圖書優惠資訊和電子報。

北區郵政管理局
登記證北台字第9125號
免貼郵票

大都會文化事業有限公司

讀者服務部 收

11051台北市基隆路一段432號4樓之9

寄回這張服務卡〔免貼郵票〕
您可以：
◎不定期收到最新出版訊息
◎參加各項回饋優惠活動

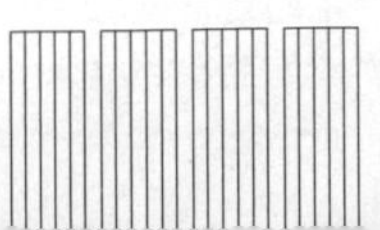